Magnet neu A1

Deutsch für junge Lernende

Kursbuch mit Audio-CD

Giorgio Motta
bearbeitet von Elke Körner,
Silvia Dahmen (Phonetik) und Victoria Voll

Ernst Klett Sprachen
Stuttgart

Symbole

52 Titelnummer auf der Audio-CD

Fit Aufgabe zur Prüfungsvorbereitung

Spiele für den Unterricht

AB 1–5 Hinweis auf passende Übungen im Arbeitsbuch

1. Auflage 1 8 7 6 | 2019 18 17 16

Giorgio Motta
Magnet
Grundkurs für junge Lerner
italienische Ausgabe

Giorgio Motta
bearbeitet von Elke Körner,
Silvia Dahmen (Phonetik) und Victoria Voll
Magnet neu
Deutsch für junge Lernende
internationale Ausgabe

Internetadresse: www.klett-sprachen.de

Redaktion Victoria Voll, Annette Kuppler, Elena Rivetti, Chiara Versino
Layoutkonzeption Alexandra Veigel
Herstellung Alexandra Veigel
Gestaltung und Satz Ulrike Promies, Reutlingen
Illustrationen Monica Fucini, Turin
Umschlaggestaltung Daniel Utz, Stuttgart; Anna Poschykowski
Reproduktion Meyle + Müller, Medien-Management, Pforzheim
Druck und Bindung GraphyCems
Printed in Spain

ISBN 978-3-12-676080-5

9 783126 760805

Inhalt

Inhalt

Zwischenstation 1 Jugendliche 42

Landeskunde: Freizeit 45

Lektion 3 Papa, Mama & Co. 46

	Kommunikation	Grammatik
A Familien heute	Mitglieder einer Familie benennen	*sein* im Präsens, der bestimmte Artikel, Personalpronomen (3. Person Singular und Plural)
B Ich habe einen Bruder	die eigene Familie vorstellen	*haben* im Präsens, der unbestimmte Artikel (Nominativ und Akkusativ)
C Wir gehören auch zur Familie	über Haustiere sprechen	der unbestimmte Artikel (Nominativ und Akkusativ), Possessivartikel (1. und 2. Person Singular), Negation mit *kein*, Plural

Phonetik: *z*, *tz* und *zw* 51
Grammatik auf einen Blick 53
Wortschatz: Das ist neu! 55

Lektion 4 Meine Freunde 56

	Kommunikation	Grammatik
A Mein bester Freund, meine beste Freundin	einen Freund / eine Freundin vorstellen, den Charakter einer Person beschreiben	Adjektive (prädikativ)
B Meine Clique	die eigene Clique vorstellen	Verben im Präsens (alle Personen)
C Treffpunkte	über Treffpunkte sprechen	die Fragewörter *wo* und *wohin* und die Präposition *in*

Phonetik: Intonation bei Fragen und Aufforderungen 62
Grammatik auf einen Blick 64
Wortschatz: Das ist neu! 65

Zwischenstation 2 Leute heute 66

Landeskunde: Fünf Cliquen 69

Lektion 5 Wir, die Klasse 7b 70

	Kommunikation	Grammatik
A Unsere Klasse	die eigene Klasse vorstellen	Possessivartikel (1. und 2. Person Plural), Negation mit *nicht*
B Unser Schuldirektor	ein Interview mit einem Erwachsenen führen	du-Form / höfliche Form
C Unsere Lehrer und Lehrerinnen	einen Lehrer / eine Lehrerin vorstellen, über Schulfächer sprechen	Verben im Präsens (finden, unterrichten), Temporalangaben mit *am*, zusammengesetzte Wörter

Phonetik: Wortakzent 76
Landeskunde: Schule in Deutschland 76
Grammatik auf einen Blick 77
Wortschatz: Das ist neu! 79

Lektion 6 Schule und Schulsachen 80

	Kommunikation	Grammatik
A Was ist in deiner Schultasche?	Schulsachen benennen	der bestimmte und der unbestimmte Artikel, Personalpronomen, Plural
B Das brauche ich in der Schule	Gegenstände benennen, Aufforderungen formulieren	Deklination: Nominativ und Akkusativ, Imperativ (Singular)
C Eine Schule stellt sich vor	die eigene Schule vorstellen	die Form *es gibt*

Phonetik: lange und kurze Vokale 86
Grammatik auf einen Blick 87
Wortschatz: Das ist neu! 88

Inhalt

Zwischenstation 3 Rund um die Schule 89

Landeskunde: Theater, Sprachen, Sport und mehr – die Schul-AG 93

Lektion 7 Was isst du gern? 94

	Kommunikation	Grammatik
A Frühstück international	über Frühstücksgewohnheiten sprechen	das Verb *essen*, Deklination: Nominativ und Akkusativ
B Guten Appetit!	Lebensmittel benennen, über Vorlieben sprechen	das Verb *mögen*, Negation: *kein*, *nicht*
C Im Fastfood-restaurant	etwas bestellen, Empfehlungen formulieren	das Verb *nehmen*, einen Wunsch ausdrücken: *„möchte"*, Imperativ (Singular)

Phonetik: R-Laute 99
Landeskunde: Eine Wurst im Brötchen, bitte! 100
Grammatik auf einen Blick 101
Wortschatz: Das ist neu! 102

Lektion 8 Tagesabläufe 104

	Kommunikation	Grammatik
A Wie viel Uhr ist es? Wie spät ist es?	Uhrzeiten nennen	
B Wie läuft dein Tag ab?	Tagesabläufe beschreiben	Verben im Präsens (fahren, schlafen), trennbare Verben, Temporalangaben mit *um* und *am*
C Wo warst du gestern?	über einen Wochenplan sprechen, vom Tag zuvor berichten	Präteritum von *sein* und *haben* (1.–3. Person Singular)

Phonetik: R-Laute: das vokalische *r* 110
Grammatik auf einen Blick 111
Wortschatz: Das ist neu! 112

Zwischenstation 4 Essen und Trinken 113

Landeskunde: Die Antwort auf Fastfood 115

Lektion 9 Sport, Sport, Sport 116

	Kommunikation	Grammatik
A Kannst du schwimmen?	Sportarten benennen, sich über sportliche Vorlieben austauschen	die Modalverben *können* und *wollen*, Modalverben und ihre Bedeutung, Modalverben im Satz
B Was kann man im Fitnessstudio machen?	über Sportstätten und Aktivitäten sprechen	das Modalverb *können*
C Gehen wir Fußball spielen?	einen Vorschlag machen, über einen Sportler sprechen, über eine Statistik sprechen	das Modalverb *müssen*, die Fragewörter *wo* und *wohin* und die Präposition *in* + Dativ / Akkusativ

Phonetik: *sch*, *sp* und *st* 124
Landeskunde: Der Köln-Marathon 124
Grammatik auf einen Blick 125
Wortschatz: Das ist neu! 126

Lektion 10 Meine Klamotten 128

	Kommunikation	Grammatik
A Steffis Kleidung	Kleidungsstücke benennen	Plural
B Gefällt dir das T-Shirt?	Gefallen und Missfallen äußern, von Einkäufen berichten	das Verb *gefallen*, Personalpronomen (3. Person Singular, Nominativ und Akkusativ), Verben im Perfekt, Partizip Perfekt
C Mode ist mein Hobby!	über Kleidung diskutieren	

Phonetik: der Vokal *e* in unbetonten Endungen 134
Grammatik auf einen Blick 135
Wortschatz: Das ist neu! 137

Zwischenstation 5 Kleider machen Leute 138

Landeskunde: Kleider-Kreisel und Mode-Blogs 141

Lektion 0.1

Hallo!

Hören ▶ 1

1 Wie begrüßen und verabschieden sich die Personen? Hör zu und sprich nach.

Wortschatz

2 Wer begrüßt sich? Wer verabschiedet sich? Verbinde.

begrüßen | **verabschieden**

- Daniel und Herr Beck
- Frau Kohl und Herr Schulz
- Markus und Tobias
- Oliver und Steffi
- Melanie und Frau Stein

Hören ▶ 2

3 Was sagen die Personen? Hör zu und ordne zu.

A
Sebastian

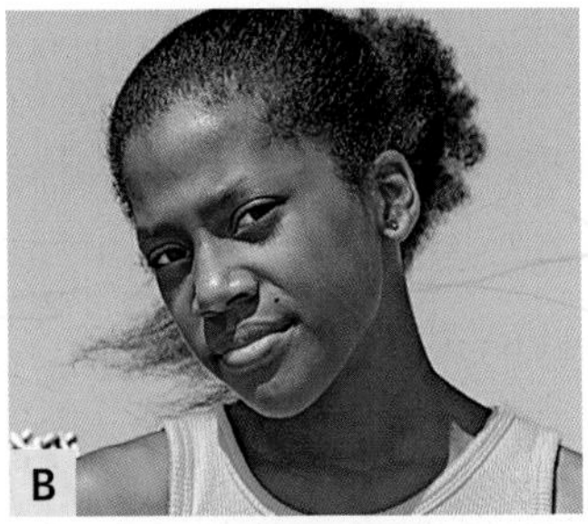
B
Regina

C
Thomas

D
Martina

E
Herr Weigel

F
Frau Hofmann

E Guten Tag! F Auf Wiedersehen! A Hallo! D Grüß dich! C Tschüss! B Servus!

Sprechen

4 Begrüße und verabschiede die Personen auf Deutsch.

1. Steffi 2. Frau Schulz 3. Tobias und Markus 4. Herr Beck und Frau Schulz

Sprechen

5 Grüßt und antwortet in der Klasse.

Hallo, Maria! → Grüß dich, Halil! → Servus, Elena! …

Hören ▶ 3

6 Hör zu und sprich nach.

Guten Morgen! Guten Tag! Guten Abend! Gute Nacht!

Sprechen

7 Was sagt man wann? Verbinde und lies laut.

7:30 11:00 14:00 15:30 19:00 22:30

Hallo! Tschüss! Guten Tag! Gute Nacht! Guten Abend! Guten Morgen!

Hören ▶ 4

8 Wer sagt was? Hör zu und verbinde.

Hallo, Oliver! Wie geht's dir?

Und wie geht's dir, Steffi?

Ach, nicht so gut.

Gut, danke!

Sprechen

9 Fragt und antwortet.

Hallo, Eva. Wie geht's dir? → Gut, danke! Hallo, Marina. Wie geht's dir? → Nicht so gut.
Hallo, Mike. Wie geht's dir? → …

Gut!
Sehr gut!

Nicht schlecht.
Es geht.

Nicht so gut!
Schlecht!

Sprechen

10 Verabschiede dich.

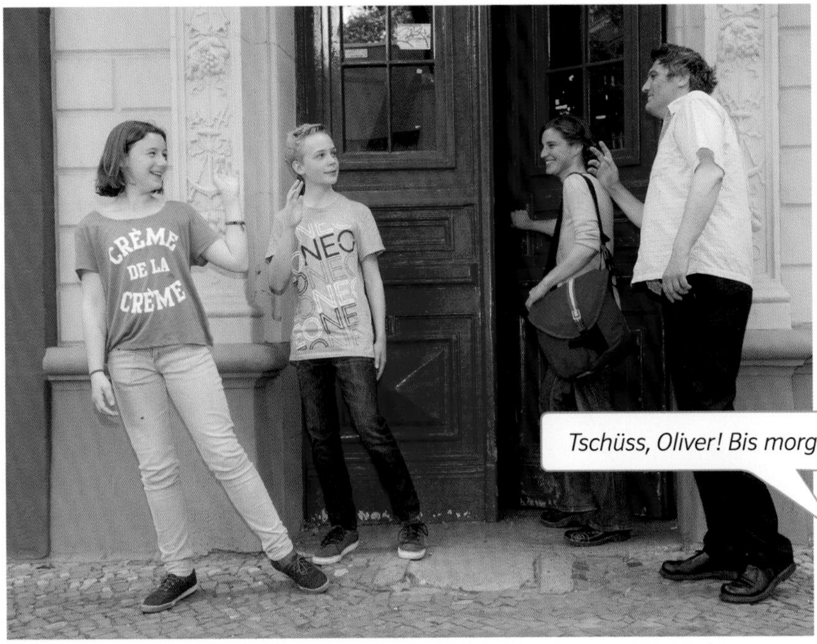
Tschüss, Oliver! Bis morgen!

__________________________, Oliver!

__________________________, Herr Platter!

__________________________, Steffi!

__________________________, Frau Platter!

[Phonetik]

a Hör zu und achte auf das *h*. ▶ 5

b Hör zu und sprich nach. ▶ 6

c Grüße deinen Partner / deine Partnerin.
Hallo, …

Lektion 0.2

Eins, zwei, drei

Zahlen 0–12

0	1	2	3	4	5	6	7	8	9	10	11	12
null	eins	zwei	drei	vier	fünf	sechs	sieben	acht	neun	zehn	elf	zwölf

Hören ▶ 7

1 **Hör zu und sprich nach.**

Sprechen

2 **Spielt mit zwei Würfeln.**

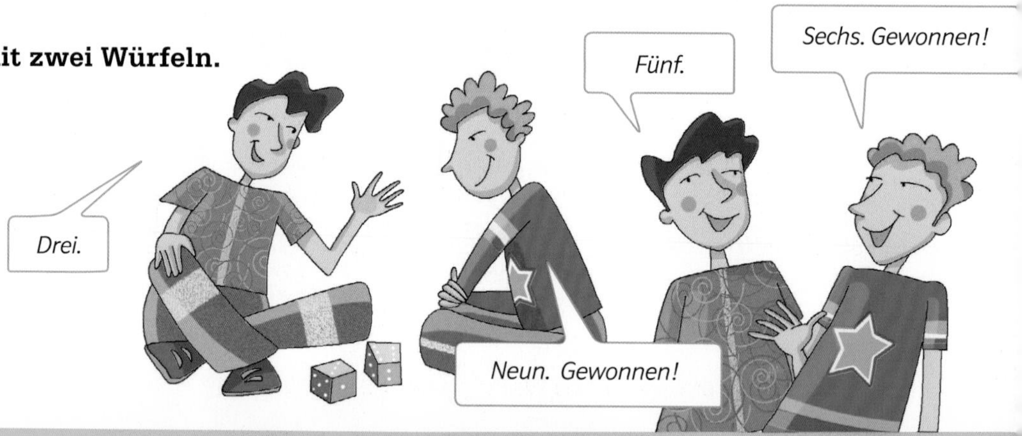

Zahlen 13–20

13	14	15	16	17	18	19	20
dreizehn	vierzehn	fünfzehn	sechzehn	siebzehn	achtzehn	neunzehn	zwanzig

Hören ▶ 8

3 **Hör zu und sprich nach.**

Spiel & Spaß

4 **Schreibt Zahlen von 1–20 in ein Quadrat mit neun Kästchen. Euer Lehrer / eure Lehrerin ruft Zahlen. Kreuzt an. Wer drei Zahlen in einer Reihe hat, hat gewonnen und ruft Bingo. Viel Spaß!**

Spiel & Spaß

5 Memo-Spiel. Kopiert die Seite, schneidet die Spielkarten aus und deckt sie auf wie bei Memory. Viel Spaß!

1	eins	2	zwei	3	drei	4	vier
5	fünf	6	sechs	7	sieben	8	acht
9	neun	10	zehn	11	elf	12	zwölf
13	drei-zehn	14	vier-zehn	15	fünf-zehn	16	sech-zehn
17	sieb-zehn	18	acht-zehn	19	neun-zehn	20	zwanzig

Hören ▶ 9

6 Hör zu und ergänze die Handynummer.

Steffi, wie ist deine Handynummer?

Meine Handynummer ist 0170 2__88__8__.

Sprechen

7 Fragt und antwortet.

Sara, wie ist deine Handynummer / Telefonnummer? → Meine Handynummer / Telefonnummer ist … Lukas, wie ist deine Handynummer / Telefonnummer? …

Zahlen 21–2000

21	einundzwanzig	**27**	siebenundzwanzig	**60**	sechzig	**1000**	eintausend
22	zweiundzwanzig	**28**	achtundzwanzig	**70**	siebzig	**2000**	zweitausend
23	dreiundzwanzig	**29**	neunundzwanzig	**80**	achtzig		
24	vierundzwanzig	**30**	dreißig	**90**	neunzig		
25	fünfundzwanzig	**40**	vierzig	**100**	einhundert		
26	sechsundzwanzig	**50**	fünfzig	**200**	zweihundert		

einundzwanzig, …

Hören ▶ 10

8 Hör zu und markiere die Zahlen.

Hören ▶ 11

9 Hör zu und sprich nach.

Hören ▶ 12

10 Was kostet das? Hör zu und sprich nach.

Was kostet das?
23,40 Euro.
(dreiundzwanzig Euro vierzig)

Übt zu zweit weiter.

19,95 €

2,70 €

14,80 €

24,90 €

Hören ▶ 13

11 Wie viel ist ...? Hör zu und sprich nach.

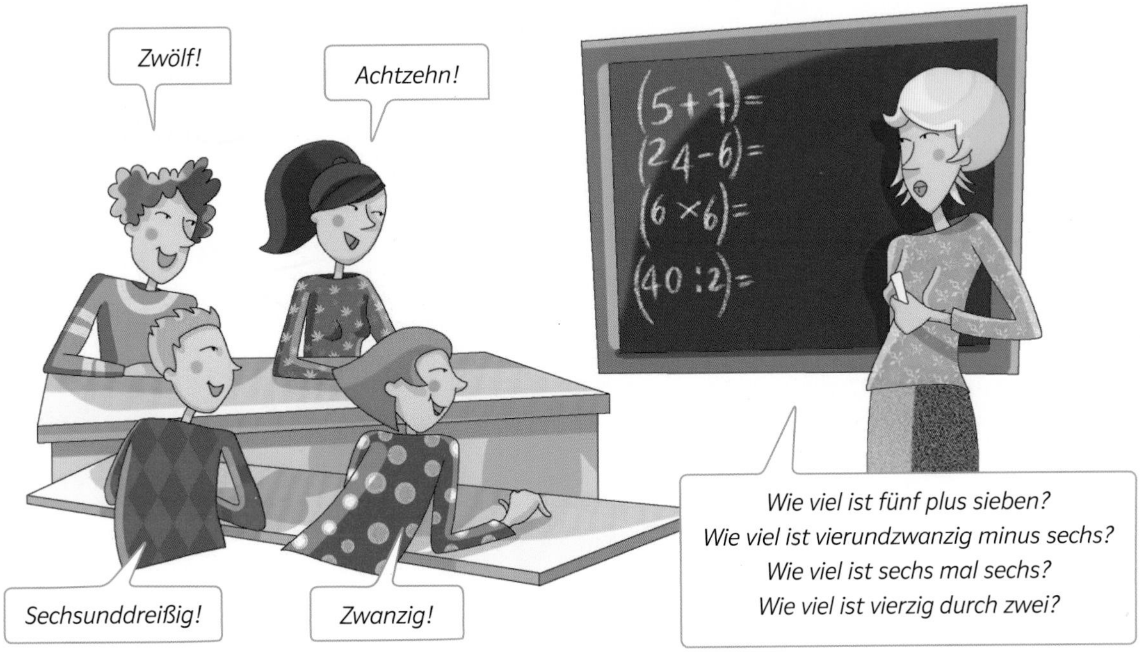

Übt zu zweit weiter.

11 + 13 = ____	54 – 14 = ____	96 + 4 = ____	9 x 9 = ____
150 : 3 = ____	25 x 5 = ____	200 – 51 = ____	49 : 7 = ____

Hören ▶ 14

12 Frau Hoffmann hat Lotto gespielt. Hat sie gewonnen? Hör zu und vergleiche.

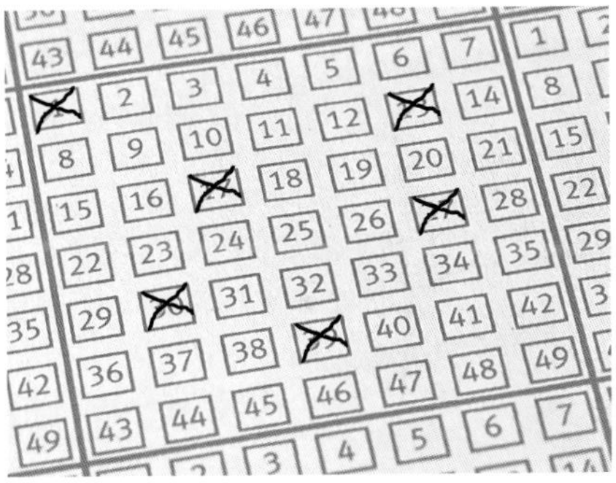

Gewonnen?

[Phonetik]

a Hör zu und achte auf das *ch*. ▶ 15

b Hör zu und sprich nach. ▶ 16

c Zählt in der Klasse abwechselnd bis 100. Sagt nur die Zahlen, in denen man den ich-Laut hören kann.

Lektion 0.3

Was ist das?

1

2

3

4

5

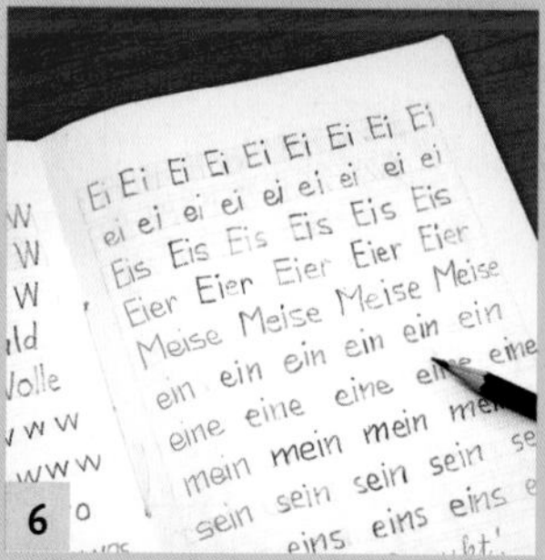
6

7

8

ein Computer   ein Ball   eine CD   ein Heft   ein Buch   eine Gitarre   ein Telefon   ein Kugelschreibe

Hören ▶ 17

1 Hör zu und sprich nach.

Sprechen

2 Fragt und antwortet wie im Beispiel.

Hören ▶ 18

3 **Zur Kontrolle. Hör zu und vergleiche.**

Wortschatz

4 **Pantomime. Lies vor. Dein Partner / deine Partnerin spielt die Aktivitäten.**

Notiere!

Schneide die Karten aus!

Lies!

Hör zu!

Schreib!

Sprich!

Hören ▶ 19

5 **Hör zu und verbinde die Farben. Welche Zahl erkennst du?**

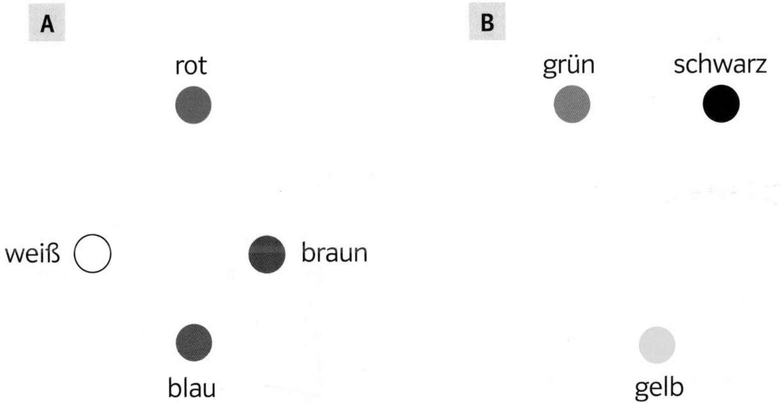

Die Zahl ist: ______________

Hören ▶ 20

6 Hör zu und sing mit!

Die bunten Noten

Melodie: Ah, vous dirai-je maman (französisches Kinderlied)

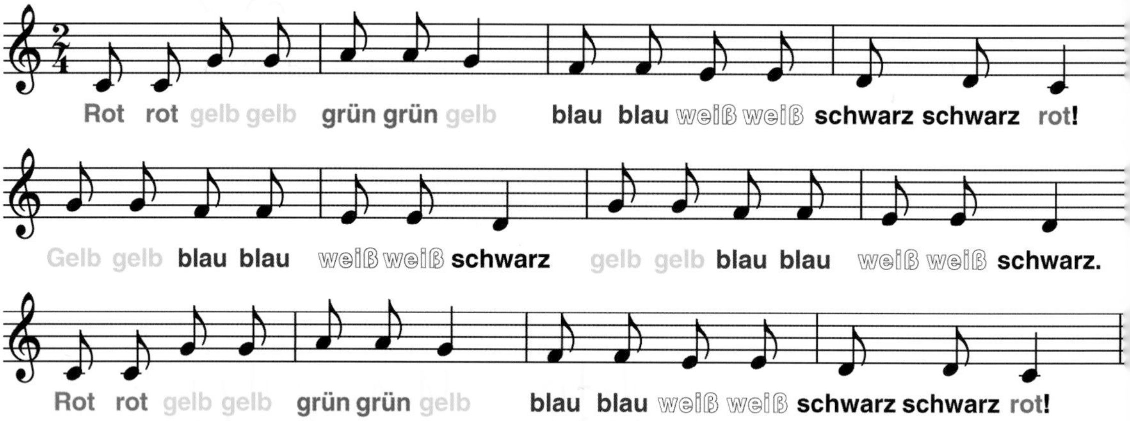
Rot rot gelb gelb grün grün gelb blau blau weiß weiß schwarz schwarz rot!
Gelb gelb blau blau weiß weiß schwarz gelb gelb blau blau weiß weiß schwarz.
Rot rot gelb gelb grün grün gelb blau blau weiß weiß schwarz schwarz rot!

Wortschatz

7 Was passt zusammen? Verbinde.

die Sonne

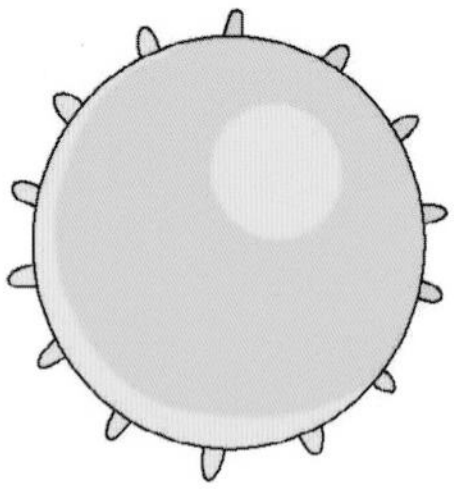

das Auto

der Ball

die Wiese

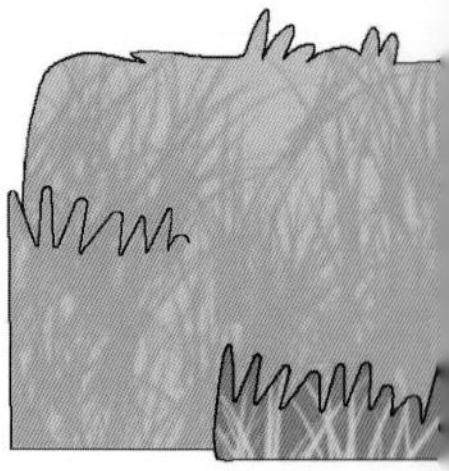

grün | blau | gelb | weiß und schwarz | rot | schwarz | braun

die Tafel

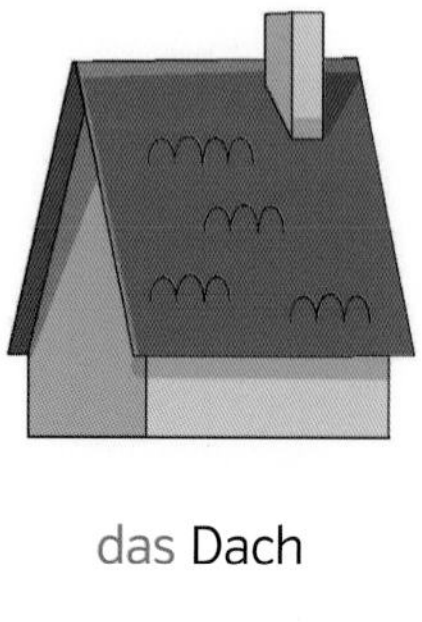

das Dach

der Himmel

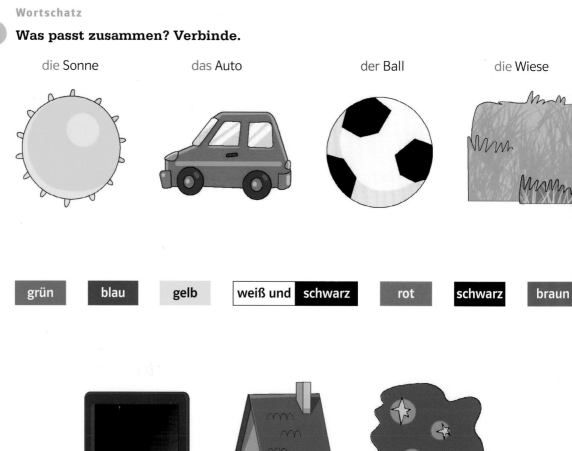

Hören ▶ 21

8 Zur Kontrolle. Hör zu und vergleiche.

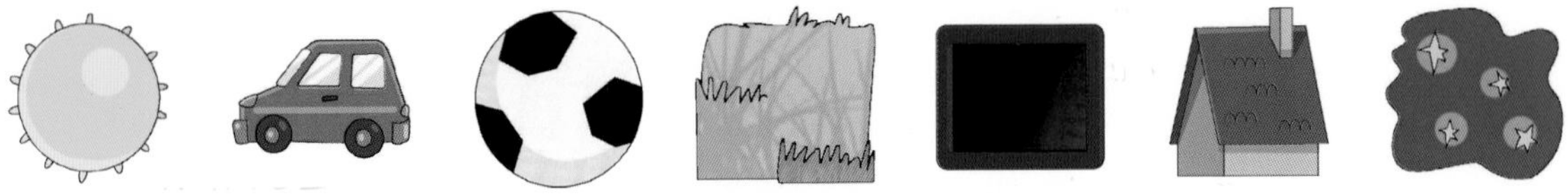

Die Sonne ist gelb.	Das Auto ist rot.	Der Ball ist weiß und schwarz.	Die Wiese ist grün.	Die Tafel ist schwarz.	Das Dach ist braun.	Der Himmel ist blau.

Hören ▶ 22

9 Richtig (R) oder falsch (F)? Kreuze an.

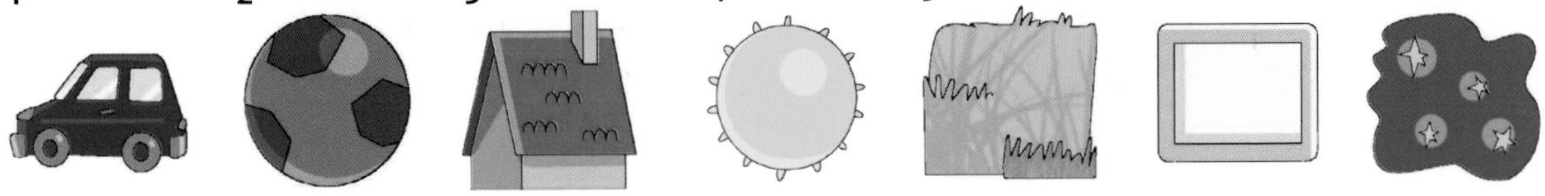

1	2	3	4	5	6	7
R ☐ F ☐	R ☐ F ☐	R ☐ F ☐	R ☐ F ☐	R ☐ F ☐	R ☐ F ☐	R ☐ F ☐

Wortschatz

10 Ordne zu.

1. Frag	a	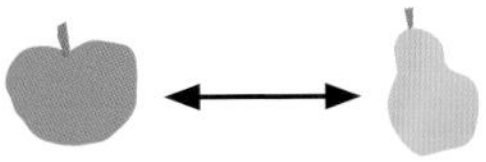
2. Verbinde	b	☒
3. Antworte	c	Die *Wiese* ist grün.
4. Kreuz an	d	•———•
5. Ergänze	e	*die Sonne*
6. Vergleiche	f	?
7. Ordne zu	g	*Der Himmel ist blau.*
8. Markiere	h	!
9. Notiere	i	das Dach → 

Hören 23

11 Das deutsche Alphabet. Hör zu und sprich nach.

A wie Apfel,
der Apfel

B wie Blume,
die Blume

C wie CD,
die CD

D wie Dirigent,
der Dirigent

E wie Elefant,
der Elefant

F wie Fisch,
der Fisch

G wie Gitarre
die Gitarre

H wie Hotel,
das Hotel

I wie Insel,
die Insel

J wie Joghurt,
der Joghurt

K wie König,
der König

L wie Löwe,
der Löwe

M wie Meer,
das Meer
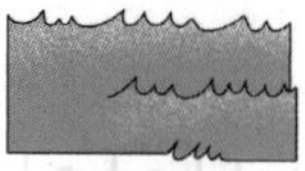

N wie Nest,
das Nest

O wie Oma,
die Oma

P wie Pony,
das Pony

Q wie Qualle,
die Qualle

R wie Radio
das Radio

S wie Saft,
der Saft
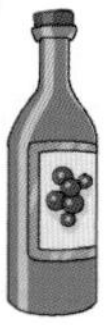

T wie Trompete,
die Trompete

U wie Uhr,
die Uhr

V wie Vogel,
der Vogel

W wie Wasser,
das Wasser
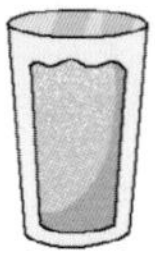

X wie Xylophon,
das Xylophon
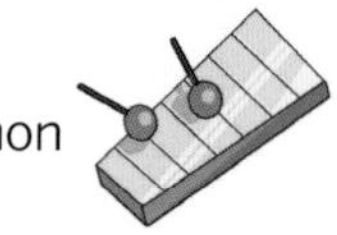

Y wie Yacht,
die Yacht

Z wie Zug,
der Zug

Sprechen

12 Buchstabiere deinen Namen auf Deutsch wie im Beispiel.

LUIS: L wie Löwe, U wie Uhr, I wie Insel, S wie Saft.

Phonetik

a Hör zu und sprich nach. 24

b Welche Buchstabenreihe hörst du? Hör zu und kreuze an. 25

1. ☐ i e u e a o u
2. ☐ i a o e e i u
3. ☐ e i o i a u o

c Hör zu und sprich nach. 26

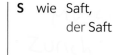

Lektion 0.4

München, Frankfurt, Berlin

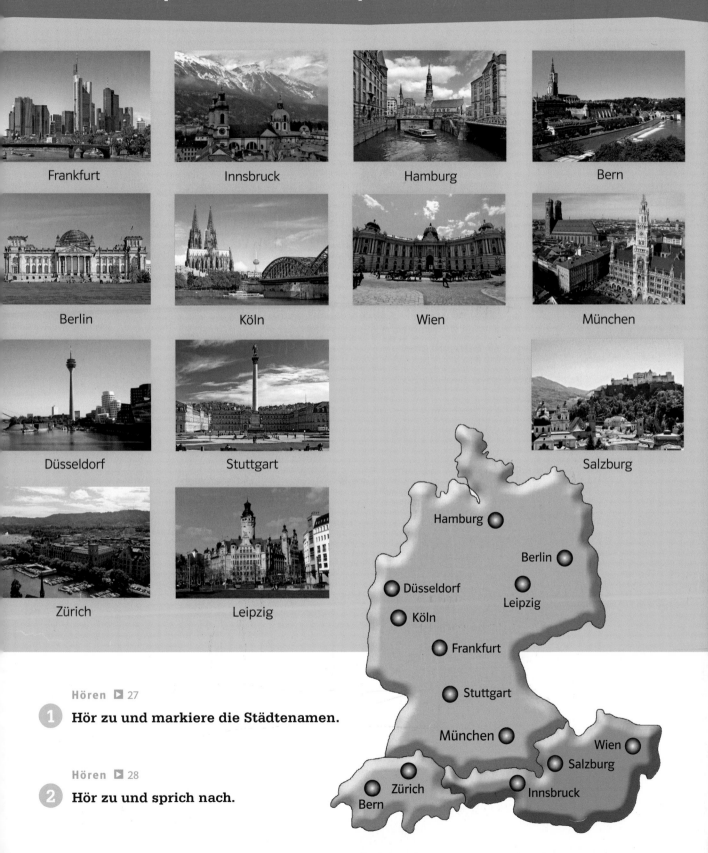

Frankfurt

Innsbruck

Hamburg

Bern

Berlin

Köln

Wien

München

Düsseldorf

Stuttgart

Salzburg

Zürich

Leipzig

Hören ▶ 27

1 **Hör zu und markiere die Städtenamen.**

Hören ▶ 28

2 **Hör zu und sprich nach.**

Lesen

3 Was passt zusammen? Lies und ordne zu.

Graz liegt in Österreich.
Hamburg liegt in Deutschland.
Wo liegt Zürich?
Wo liegt Hamburg?
Wo liegt Graz?
Zürich liegt in der Schweiz.

Wortschatz

4 Wo liegt ...? Bilde Sätze.

Innsbruck Köln Wien Zürich München Bern Hamburg Berlin Frankfurt Salzburg	liegt	in Deutschland. in Österreich. in der Schweiz.

Bern liegt in der Schweiz.

Hören 29

5 Zur Kontrolle: Hör zu und vergleiche.

Sprechen

6 Fragt und antwortet wie im Beispiel.

- ● Wo liegt Innsbruck?
- ○ Innsbruck liegt in Österreich.

Hören ▶ 30

7 Welche Stadt ist das? Hör zu und ordne zu.

1

2

3

4

5

6

[4] Frankfurt   [6] Hamburg   [5] Zürich   [3] Wien   [1] München   [2] Berlin

Sprechen

8 Postkarten raten. Fragt und antwortet wie im Beispiel.

Ist das hier Berlin?
Ja, das ist Berlin!
Nein, das ist Hamburg.

Wortschatz

9 Wie heißen die Städte in deiner Muttersprache? Ergänze.

1. Berlin Berlin
2. Wien Vienna
3. Bern Bern
4. Innsbruck Innsbruck
5. Köln Cologne
6. Hamburg Hamburg
7. München Munich
8. Zürich Zurich
9. Stuttgart Stuttgart
10. Salzburg Salzburg

Wortschatz

10 Wo liegen die Städte? Formuliere Sätze.

1. München liegt in Süddeutschland.
2. Hamburg liegt in Norddeutschland
3. Düsseldorf liegt in Westdeutschland
4. Berlin liegt in Ostdeutschland
5. Stuttgart liegt in Süddeutschland
6. Köln liegt in Westdeutschland

Wortschatz

11 Hauptstädte in Europa. Ordne zu.

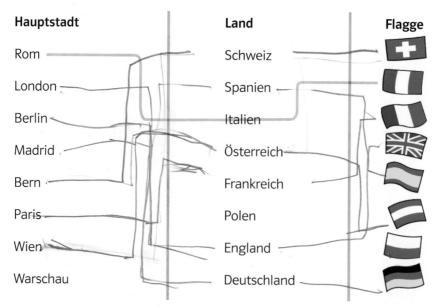

Hauptstadt	Land	Flagge
Rom	Schweiz	
London	Spanien	
Berlin	Italien	
Madrid	Österreich	
Bern	Frankreich	
Paris	Polen	
Wien	England	
Warschau	Deutschland	

Hören ▶ 31

12 Zur Kontrolle: Hör zu und vergleiche.

Hören ▶ 32

13 **Was ist richtig? Hör zu und markiere.**

Oliver, wo wohnst du?
Und du, Steffi?
Ich wohne in Himmelberg
Ich wohne in Nürnberg.
Ich wohne in Sternberg.
Ich wohne in Essen. Das liegt bei Düsseldorf.
Ich wohne in Erlangen. Das liegt bei Nürnberg.
Ich wohne in Weimar. Das liegt bei Erfurt.

Sprechen

14 **Bildet Minidialoge wie im Beispiel.**

Sebastian, München

Anna, Hamburg

Kai, Salzburg

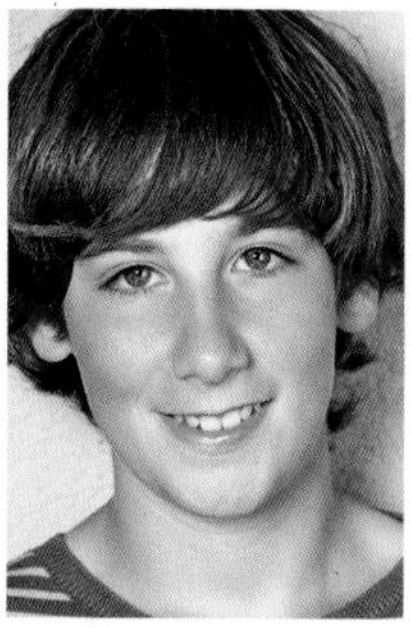
Erik, Düsseldorf

Verena, Innsbruck

- ● Sebastian, wo wohnst du?
- ○ Ich wohne in München.
- ● Und wo liegt München?
- ○ In Süddeutschland!

[Phonetik]

a Hör zu und achte auf *ü* und *ö*. ▶ 33
b Hör zu und sprich nach: i – ü, e – ö ▶ 34
c Kennst du andere Städte mit *ü* und *ö*?
Schreibe die Namen auf und sage sie laut.

AB 8–13

Lektion 1

Das bin ich

A Wie heißt du?

Ich bin auch 13.

Grüß dich!

Ich bin 13.

Ich wohne in der Nähe von Nürnberg, in Erlangen.

Ich bin Oliver.

Hallo!

Ich wohne in Nürnberg.

Ich heiße Steffi.

Hören 35

1 Wer sagt was? Hör zu und ordne zu.

Oliver: ______________________ Steffi: ______________________

______________________ ______________________

Sprechen

2 Beantworte die Fragen

Und du? Wie heißt du? *Wo wohnst du?* *Wie alt bist du?*

Sprechen

3 Stellt euch vor und antwortet.

1. Ich heiße Mattis. Wie heißt du? → Ich heiße Elena. Wie heißt du? → …
2. Ich bin Leon. Wer bist du? → Ich bin Laura. Wer bist du? → …
3. Ich bin 11. Wie alt bist du? → Ich bin 12. Wie alt bist du? → …

Sprechen

4 Fragt und antwortet.

Ja / Nein-Frage

I	II	III
Heißt	du	Daniel?
Bist	du	Daniel?

1. Heißt du Anna? → Nein, ich heiße Greta. Heißt du Claudia? → Nein, ich heiße …
2. Bist du Daniel? → Nein, ich bin Nico. Bist du Andreas? → Nein, ich bin …
3. Wohnst du in Barcelona? → Nein, ich wohne in Madrid. Wohnst du in Athen? → Nein, ich wohne in …

AB 1–6

B Wie ist deine Adresse?

Hören ▶ 36

5 Hörst du das? Kreuze an.

Interviewerin:	Ja	Nein
Steffi, wo wohnst du?	☐	☐
Wo liegt Erlangen?	☐	☐
Hast du auch eine E-Mail-Adresse?	☐	☐

Steffi:	Ja	Nein
Ich bin 13.	☐	☐
Ich wohne in der Bahnhofstraße 16.	☐	☐
Klar! supersteffi@free.de	☐	☐

Sprechen

Fit

6 Beantwortet die Fragen.

Wie heißt du?
Wo wohnst du?
Wo liegt das?
Wie ist deine Adresse?
Hast du ein Handy?
Wie ist deine Handynummer?
Hast du auch eine E-Mail-Adresse?
Wie ist deine E-Mail-Adresse?

W-Frage

I	II	III
Wie	heißt	du?
Wo	wohnst	du?

AB 7–9

C Woher kommst du?

Aber woher kommst du?

Wo wohnst du?

Und wer bist du?

Ich verstehe. Und wie alt bist du?

Hören ▶ 37

Fit **7** **Richtig (R) oder falsch (F)? Hör Fatma zu und kreuze an.**

	R	F
Ich wohne in Erlangen.	☐	☐
Ich komme aus Syrien.	☐	☐
Meine Eltern kommen aus der Türkei.	☐	☐
Ich bin in Österreich geboren.	☐	☐
Ich bin 14 Jahre alt.	☐	☐

Aussagesatz

I	II	III
Ich	heiße	Steffi.
Ich	bin	13.

Sprechen

8 **Woher kommen die Personen? Fragt und antwortet.**

Türkei | Italien | Frankreich | Griechenland | Deutschland | Schweiz

a ● Woher kommt Sofia?
○ Sofia kommt aus Italien.

b ● Wer kommt aus Italien?
○ Sofia kommt aus Italien.

[**Phonetik**]

a Hör zu und lies mit. ▶ 38
Wie heißt du? Wer bist du? Wo wohnst du? Woher kommst du?
Wie – wer – wo – woher! Soo viele Fragen!

b Hör zu und sprich nach. ▶ 39

c Wie heißt du? Woher kommst du? Wo wohnst du? Frag deinen Partner / deine Partnerin und erzähl der Klasse, was er / sie gesagt hat.

Spiel & Spaß

9 **Welche Länder gehören zu den Personen? Verbinde.**

Spiel & Spaß

10 **Welche Farben haben die Flaggen? Nenn sie deinem Partner / deiner Partnerin und mal aus. Viel Spaß!**

Grammatik auf einen Blick

Verben im Präsens (1)

Ich bin Oliver. Wie heißt du? Helena wohnt in Griechenland.

	sein	wohnen	kommen	heißen
ich	**bin**	wohn-**e**	komm-**e**	heiß-**e**
du	**bist**	wohn-**st**	komm-**st**	heiß-t (!)
er, sie	**ist**	wohn-**t**	komm-**t**	heiß-**t**

Bildung:
wohn- / komm- / heiß- +
-**e** (ich), ______ (du), ______ (er/sie)

du heißt

Aussagesatz

I	II	III
Ich	heiße	Steffi.
Ali	kommt	aus der Türkei.
John	wohnt	in Großbritannien.
Ich	bin	13.

Das Verb steht auf Position ______

Ja / Nein-Frage

I	II	III
Heißt	du	Anna?
Bist	du	Daniel?
Wohnst	du	in Barcelona?

Das Verb steht auf Position ______

W-Frage

I	II	III
Wie	heißt	du?
Wie alt	bist	du?
Wo	wohnst	du?

Das Verb steht auf Position ______

Das Fragewort *wo* und die Präposition *in*

Wo wohnst du? — Ich wohne in Deutschland.
Wo wohnt Alexander? — Er wohnt in der Schweiz.
Wo wohnt Steffi? — Sie wohnt in Erlangen.

Wo? ●
in Deutschland (Land)
in der Schweiz (Land mit Artikel)
in Erlangen (Stadt)

in der Schweiz / in der Türkei

Das Fragewort *woher* und die Präposition *aus*

Woher kommst du? — Ich komme aus Italien.
Ich komme aus Nürnberg.
Ich komme aus der Türkei.

Woher? ←
aus Italien (Land)
aus der Türkei (Land mit Artikel)
aus Nürnberg (Stadt)

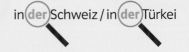

aus der Türkei / aus der Schweiz

Das Fragewort *wer*

Wer bist du? — Ich bin Fatma.
Wer kommt aus Griechenland? — Helena kommt aus Griechenland.

Was heißt wer *in deiner Sprache?*

Wortschatz: Das ist neu!

Hallo!

Grüß dich!

Tschüss!

ja

nein

ich

du

heißen

die Adresse, -n
Wie ist deine Adresse?

die E-Mail-Adresse, -n

das Handy, -s

die Nummer, -n

die Handynummer, -n
Wie ist deine Handynummer?

auch

aus

in

und

dein, deine

mein, meine

die Eltern (Plural)

verstehen

wer?

sein

Wer bist du?

wie?

alt
Wie alt bist du?

wo?
Wo wohnst du?

woher?
Woher kommst du?

geboren
Ich bin in Deutschland geboren.

Deutschland

Frankreich

Griechenland

Großbritannien

Italien

Österreich

Polen

Spanien

Syrien

das Land, ¨-er

kommen

die Türkei
Fatma kommt aus der Türkei.

die Schweiz

wohnen
Alexander wohnt in der Schweiz.

die Stadt, ¨-e

liegen

in der Nähe von
Erlangen liegt in der Nähe von Nürnberg.

Lektion 2

Meine Hobbys

A Freizeitaktivitäten

Wortschatz

1 Was machen die Personen? Ordne zu.

10 Klavier spielen	9 Fußball spielen	4 inlineskaten
3 fernsehen	7 im Internet surfen	5 Tennis spielen
12 Sport treiben	6 Deutsch lernen	1 schwimmen
2 Comics lesen	8 Rad fahren	11 Musik hören

Hören 40

2 Hör zu und sprich nach.

Hören ▶ 41

3 Welche Aktivität ist das? Hör die Geräusche und notiere die passende Zahl.

☐ Klavier spielen	☐ Fußball spielen	☐ inlineskaten
☐ fernsehen	☐ im Internet surfen	☐ Tennis spielen
☐ Sport treiben	☐ Deutsch lernen	☐ schwimmen
☐ Comics lesen	☐ Rad fahren	☐ Musik hören

Wortschatz

4 Pantomime. Spielt Aktivitäten und ratet.

Sprechen

5 Fragt und antwortet.

Mein Hobby ist Fußball spielen. Und dein Hobby? → Mei

Mein Hobby ist Musik hören. Und dein Hobby? →

Mein Hobby ist … Und dein Hobby? →

B Was machst du in deiner Freizeit?

Oliver, sag mal, was machst du in deiner Freizeit?
Und du, Steffi?

Hören ▶ 42

Fit **6 Hör zu und sprich nach.**

	R	F
Olivers Sport ist Handball.	☐	☐
Oliver mag Musik.	☐	☐
Oliver spielt Gitarre.	☐	☐
Steffi macht viel Sport.	☐	☐
Steffi spielt in einer Band.	☐	☐
Steffi mag Bücher.	☐	☐

Sprechen

7 Und was machst du in deiner Freizeit?

Ich schwimme.
Ich spiele Fußball.
Ich …
Ich surfe im Internet.
Ich sehe fern.

Verben im Präsens
spiel**en**
ich spiel-**e**

Wortschatz

8 **Was ist positiv? Was ist negativ? Notiere.**

prima: *Pizza, Tennis, Musik,* ______ doof: *Schule, Klavier spielen,* ______

toll: ______ langweilig: ______

Spiel & Spaß

9 **Buchstabensalat. Schreibt die Wörter aus Übung 8 auf Karten und schneidet die Buchstaben aus. Mischt die Karten. Eine Person sagt ein Wort. Wer das Wort zuerst gelegt hat, hat gewonnen.**

PRIMA LANGWEILIG DOOF SUPER ...

P	R	I	M	A

Sprechen

10 **Fragt und antwortet wie im Beispiel.**

- ● Wie findest du Tennis?
- ○ Ich finde Tennis toll!

Verben im Präsens

machen	finden
du mach-**st**	du find-**est**!

AB 3–7

C Fatma mag Fremdsprachen

Sprechen

11 Was machen die Personen in ihrer Freizeit? Fragt und antwortet wie im Beispiel.

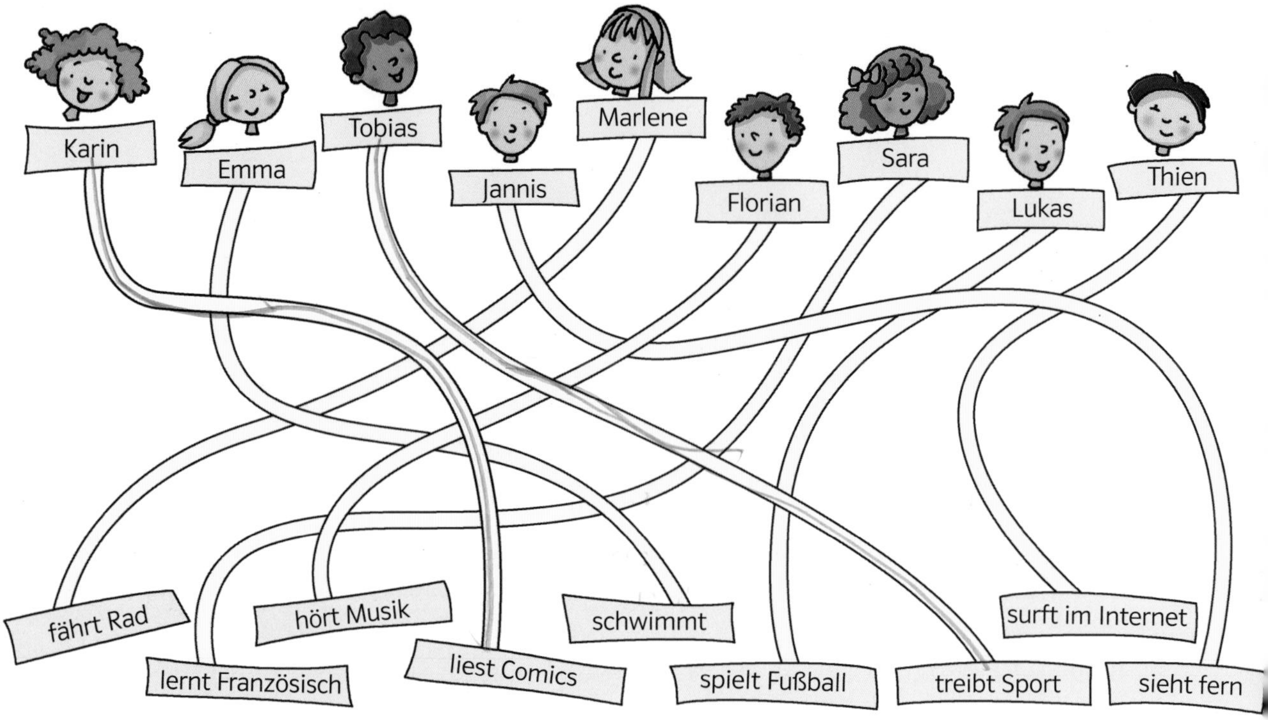

- ● Was macht Florian in seiner Freizeit?
- ○ Er hört Musik.

- ● Was macht Sara in ihrer Freizeit?
- ○ Sie lernt Französisch.

Lesen

12 Lies und beantworte die Fragen.

In meiner Freizeit lerne ich Fremdsprachen.
Ich mag Fremdsprachen sehr.
Ich spreche natürlich perfekt Deutsch und Türkisch.
Aber ich lerne auch Englisch und Französisch.
Ich möchte später Dolmetscherin werden. Und du?
Welche Sprachen sprichst du?

1. Was macht Fatma in ihrer Freizeit?
2. Welche Sprachen spricht Fatma sehr gut?
3. Welche Sprachen lernt Fatma?
4. Was möchte Fatma werden?

Verben im Präsens
mach**en**
er / sie mach-**t**

Wortschatz

13 Welche Sprachen sprichst du?

Also, ich spreche …

Sprachen	sehr gut	nicht sehr gut	nur ein bisschen	kein Wort
Deutsch				
Englisch				
Französisch				
Spanisch				
Polnisch				
Russisch				
Türkisch				
Arabisch				
…				

Sprechen

14 Fragt und antwortet wie im Beispiel.

- Sprichst du Englisch?
  - ○ Ja, ich spreche sehr gut Englisch.
  - ○ Nein, ich spreche kein Wort Englisch.

Vokale: e → i
ich spreche → du sprichst!

Sprechen

15 Was machst du in deiner Freizeit? Macht eine Klassenumfrage und präsentiert die Ergebnisse.

Ich treibe Sport.
Ich spiele ein Instrument. XXX
Ich sehe fern.
Ich höre Musik.
Ich lerne Deutsch.
Ich surfe im Internet. XXXXXX
Ich fahre Rad.
Ich spiele Fußball. XXXXXXXXXXX
Ich lese.
…

Elf Schüler spielen Fußball.
Sechs surfen im Internet.
Drei spielen ein Instrument.

Spiel & Spaß

16 **Memo-Spiel. Kopiert die Seite und schneidet die Spielkarten aus. Viel Spaß!**

Tobias …

Elisa …

Jean Paul …

Marta …

Ali …

sieht fern.

liest Comics.

lernt Deutsch.

fährt Rad.

surft im Internet.

Theo …

John …

Alexander …

Paulina …

Helena …

spielt Gitarre.

spielt Fußball.

skatet.

spielt Tennis.

hört Musik.

Phonetik

a Hör zu und achte auf die Satzmelodie. ▶ 43

b Hör zu und sprich nach. Zeig mit der Hand die Satzmelodie. ▶ 44

c Stell deinem Partner / deiner Partnerin Ja / Nein-Fragen.
Er / Sie antwortet mit Ja oder Nein.

AB 8–17

Landeskunde

Die deutschsprachigen Länder

In Europa sprechen ca. 100 Millionen Menschen Deutsch!
Wo spricht man Deutsch?
Deutsch spricht man in Deutschland, in Österreich,
in der Schweiz und in Liechtenstein.
Aber auch in Italien, in der Provinz Bozen (Südtirol),
spricht man Deutsch.
In Deutschland wohnen viele Menschen aus anderen Ländern,
vor allem aus der Türkei.
Junge Leute wie Fatma sprechen zu Hause oft Türkisch,
aber sie sprechen Deutsch in der Schule und im Alltag.

Wortschatz

17 Ordne zu.

Land	Hauptstadt	Einwohner	Flagge
Deutschland	Wien	ca. 7 Millionen	
Österreich	Bern	ca. 35.000	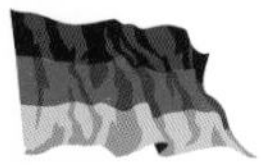
Schweiz	Vaduz	ca. 82 Millionen	
Liechtenstein	Berlin	ca. 8 Millionen	

Grammatik auf einen Blick

Verben im Präsens (2)

Ich spiele Handball. Fatma lernt Französisch.
Helena und Oliver hören Musik. Wie findest du Tennis?

	spielen	lernen	hören	finden
ich	spiel-**e**	lern-**e**	hör-**e**	find-**e**
du	spiel-**st**	lern-**st**	hör-**st**	find-**est**
er, sie	spiel-**t**	lern-**t**	hör-**t**	find-**et**
sie	spiel-**en**	lern-**en**	hör-**en**	find-**en**

findest, findet

Bildung:
spiel- / lern- / hör- + ____ (ich),
____ (du), ____ (er / sie), ____

Ich sehe fern. Steffi liest gern Comics. Sprichst du Englisch?
Manuela fährt Rad.

	sehen	lesen	sprechen	fahren
ich	seh-e	les-e	sprech-e	fahr-e
du	s**ie**h-st	l**ie**s-t	spr**i**ch-st	f**ä**hr-st
er, sie	s**ie**h-t	l**ie**s-t	spr**i**ch-t	f**ä**hr-t
sie	seh-en	les-en	sprech-en	fahr-en

Wo ändert sich der Vokal?

Bei einigen Verben mit *e* und
ändert sich bei __________
und __________ der Vokal:
e → *i* / *ie* und *a* → *ä*

Personalpronomen (1)

Oliver treibt Sport. **Er** spielt Handball.
Steffi mag Musik. **Sie** spielt Gitarre.
John und **Tom** spielen Fußball. **Sie** sind in einer Mannschaft.

Die Fragewörter *wie* und *was*

Was machst du in deiner Freizeit?
Wie findest du Tennis?

Was heißt was *und* wie *in deiner Sprache?*

Wortschatz: Das ist neu!

die Sprache, -n
lernen
sprechen (er spricht) *Ich spreche sehr gut Englisch.*
sie (Singular) *Sie lernt Deutsch.*
welche? *Welche Sprachen sprichst du?*
Deutsch
Englisch
Französisch
Russisch

Polnisch
Spanisch
Türkisch *Fatma spricht Türkisch.*
ich mag
die Fremdsprache, -n *Ich mag Fremdsprachen.*
ein bisschen *Ich spreche ein bisschen Deutsch.*

die Freizeit (Singular)
was?
Was macht Oliver in seiner Freizeit?
das Hobby, -s
lesen (er liest)
der Comic, -s
fernsehen (er sieht fern)
Ich sehe fern.
das Internet (Singular)
surfen
er
Er surft im Internet.

der Sport (Singular)
treiben
Treibst du Sport?
sportlich
das Tennis (Singular)
der Handball (Singular)
der Fußball (Singular)
sie (Plural)
spielen
Sie spielen Fußball.
die Mannschaft, -en
Ich spiele in einer Mannschaft.
Rad fahren (er fährt Rad)
Ich fahre gern Rad.
schwimmen
inlineskaten (er skatet)

wie?
finden (er findet)
Wie findest du Handball?
cool
blöd
doof
langweilig
prima
schrecklich
super
toll

die Musik (Singular)
das Instrument, -e
Spielst du ein Instrument?
die Gitarre, -n
das Klavier, -e
hören
gern
Ich höre gern Musik.
die Band, -s
Ich spiele in einer Band.

nur
später
viel
ihr, ihre
sein, seine
sehen (er sieht)
machen
sagen
Sag mal!
werden (er wird)
der Schüler, -
die Schülerin, -nen
das Wort, ¨er

Europa (Singular)
die Flagge, -n
der Einwohner, -
der Mensch, -en

Zwischenstation 1

Jugendliche

Ich suche einen E-Mail-Partner	
Autor: Pierre	Hallo! Ich bin Pierre (14), wohne in Straßburg (Frankreich) und lerne schon zwei Jahre Deutsch. Meine Hobbys: Internet, Computerspiele und Musik. Ich spiele Gitarre. Wer schreibt mir eine E-Mail? Meine E-Mail-Adresse: **pierre@free.fr**
Autor: Alona	Ich bin Alona aus Omsk und möchte gern Leute aus Europa kennen lernen. Ich spreche Deutsch und Englisch. Und natürlich Russisch! Meine Hobbys: Sprachen, Tanzen und Schwimmen. **alonagalina@belov.rus**
Autor: Sven	Hallo Freunde! Ich bin Sven aus Norwegen und möchte neue Jungs und Mädchen kennen lernen. Ich bin 13, lerne Deutsch und Englisch in der Schule und mag Sport, vor allem Ski fahren. Schreibst du mir? **Svenpet@norwekom.nr**
Autor: Melanie	Ich heiße Melanie und bin aus Hamburg. Ich möchte E-Mails schreiben, chatten und SMS schicken. Inlineskaten finde ich super! Ich möchte auf Deutsch oder Englisch schreiben! **Melanied@t-online.de**

Lesen

1 Wer ist das? Lies die Texte und ergänze.

1. Er / Sie spielt ein Instrument. Das ist ______
2. Er / Sie wohnt nicht in Europa. Das ist ______
3. Er / Sie skatet gern. Das ist ______
4. Er / Sie lernt zwei Fremdsprachen. Das ist ______

Schreiben

Fit **2 Du möchtest neue Leute kennen lernen. Schreib einen Text über dich in das Forum.**

Autor: ______	Hallo! Ich ______

Sprechen

Fit

3 Wer bist du? Zieh eine Karte und stell dich als neue Person vor.

Ich heiße …
Meine Hobbys sind …
…
Ich bin … Jahre alt.

me: Sophia
ter: 13
ohnort: Stuttgart
erkunft: Mailand
talien)
prachen: Deutsch,
talienisch
lobbys: tanzen, chatten

Name: Mario
Alter: 12
Wohnort: Berlin
Herkunft: Buenos Aires (Argentinien)
Sprachen: Spanisch, Deutsch, Englisch
Hobbys: Sport, lesen, Mode

Name: Monika
Alter: 13
Wohnort: München
Herkunft: Stettin (Polen)
prachen: Polnisch,
)eutsch, Englisch
lobbys: Theater spielen,
anzen und Musik

Name: Leo
Alter: 13
Wohnort: Berlin
Herkunft: Freiburg
Sprachen: Deutsch, Englisch
Hobbys: klassische Musik, lesen, schwimmen

Name: Johanna
Alter: 12
Wohnort: Stuttgart
Herkunft: Berlin
Sprachen: Deutsch, Französisch
Hobbys: Gitarre, Handball

Name: Julius
Alter: 12
Wohnort: München
Herkunft: Berlin
Sprachen: Deutsch, Englisch
Hobbys: E-Mails schreiben, chatten und simsen

Hören ▶ 45

4 Hör das Interview und ergänze den Steckbrief.

Name: ______________________

Alter: ______________________

Wohnort: Berlin

Herkunft: ______________________

Sprachen: ______________________

Hobbys: ______________________ und Motoren

Wortschatz

5 Elf Wörter sind vertauscht. Schreibe den Text richtig.

Mia ist 15 Jahre alt und kommt aus Kiel. Das liegt in Deutsch. Sie wohnt in der Gartenstraße 9. Sie spricht sehr gut Norddeutschland, Englisch und ein bisschen Griechisch. Mias beste Freundin spricht Elena. Elena heißt auch Deutsch und Griechisch, aber sie lernt auch Englisch und Französisch in der Freizeit. Mia und Elena mögen Fremdsprachen sehr.

In der Schule machen Mia und Elena viel zusammen: Elena spielt Gitarre und Mia spielt sehr gut Klavier. Mia findet das langweilig, sie mag Musik. Sie fahren auch zusammen Sport: Mia und Elena spielen Rad und treiben Tennis. Mia sieht am Abend immer fern: Eine TV-Serie!
Elena findet das toll. Sie liest gern Comics oder ein Buch.

Mia ist 15 Jahre alt und kommt aus Kiel. Das liegt in Norddeutschland. Sie wohnt in der Gartenstraße 9. Sie spricht sehr gut Deutsch, Englisch und ein bisschen Griechisch.

Schreiben

6 Schreib einen neuen Rätseltext. Dein Partner / deine Partnerin korrigiert.

Sprechen

7 Kennst du den Prominenten? Beschreibe eine / n Sportler/in oder Musiker/in. Dein Partner / deine Partnerin rät den Namen.

Die Musikerin kommt aus Deutschland.
Sie spielt Gitarre und singt.
Die Lieder sind deutsch und englisch.
Sie singt „99 Luftballons".

Heißt die Sängerin Madonr

Nein, das ist falsch!

Heißt die Sängerin Nena?

JA, DAS STIMMT!

Landeskunde

FREIZEIT

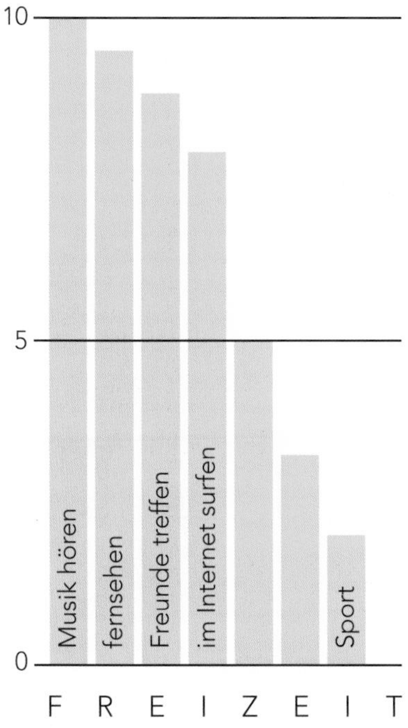

Was machen die Jugendlichen gerne in ihrer Freizeit?
Die drei beliebtesten Hobbys der Jugendlichen in Deutschland sind Musik hören, fernsehen und Freunde treffen.

Surfen die Jugendlichen auch im Internet?
Ja, das Hobby „im Internet surfen" steht auf Platz 4 der beliebtesten Freizeitaktivitäten.

Was genau machen die Jugendlichen im Internet?
Sie spielen Computerspiele, besuchen Facebook, schreiben E-Mails, kaufen online ein oder suchen Informationen.

Sind die deutschen Jugendlichen sportlich?
Ja, aber nicht alle Jugendlichen sind sportlich. „Sport treiben" ist erst auf Platz 7 der beliebtesten Hobbys. Diese Jugendlichen sind im Sportverein aktiv oder machen einen Trendsport (Skateboard fahren, klettern, ...). Andere Jugendliche spielen nicht so gern Fußball oder Tennis, sie spielen lieber am Computer.

Lesen

8 Richtig (R) oder falsch (F)? Lies das Interview und kreuze an.

	R	F
Die deutschen Jugendlichen sehen gerne fern.	☐	☐
Die Jugendlichen hören viel Musik im Internet.	☐	☐
Alle Jugendlichen in Deutschland mögen Sport.	☐	☐

Sprechen

9 Diskutiert in der Klasse.

Was machen die Jugendlichen in eurer Stadt gerne in der Freizeit?

Lektion 3

Papa, Mama & Co.

A Familien heute

Wir sind sechs Personen zu Hause: Mein Vater Günter (48), meine Mutter Angelika (44), mein Bruder Florian (15), meine Schwester Anna (6), mein Opa Heinrich (72) und ich. Zu Hause wohnt auch unser Hund Dedalus.

Meine Eltern sind geschieden. Ich wohne mit meiner Mutter Gisela in Erlangen. Mein Vater heißt Paul und wohnt jetzt in München. Wir sehen uns zweimal im Monat. Wir haben eine Katze, Molly, und ein Meerschweinchen. Es heißt Fritz.

Lesen

1 Zum Verständnis: Bilde Sätze.

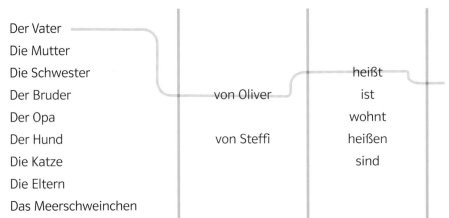

Der Vater			noch klein.
Die Mutter			72 Jahre alt.
Die Schwester			Molly.
Der Bruder		heißt	Günter.
Der Opa	von Oliver	ist	geschieden.
Der Hund		wohnt	Günter und Angelika.
Die Katze	von Steffi	heißen	15 Jahre alt.
Die Eltern		sind	Dedalus.
Das Meerschweinchen			Fritz.
			in München.

Der Vater von Oliver heißt Günter.

____

Sprechen

2 Wer ist das? Sprich mit deinem Partner / deiner Partnerin und ordne zu.

☐ a die Mutter von Steffi
☐ b die Schwester von Oliver
☐ c Steffi
☐ d die Eltern von Oliver
☐ e der Hund von Oliver
☐ f der Vater von Oliver
☐ g das Meerschweinchen von Steffi
☐ h der Opa von Oliver
☐ i der Bruder von Oliver

Hören ▶ 46

3 Zur Kontrolle: Hör zu und vergleiche.

Sprechen

4 Fragt und antwortet wie im Beispiel.

● Wer ist Heinrich?
○ Das ist der Opa von Oliver.

● Wer sind Günter und Angelika?
○ Das sind die Eltern von Oliver.

● Wer ist …?
○ ____________________

Sprechen

5 Fragt und antwortet wie im Beispiel.

Ist Angelika die Mutter von Steffi?
Nein, sie ist die Mutter von Oliver.
Wie heißt der Hund von Oliver?
Er heißt Dedalus.

Personalpronomen

maskulin	neutral	feminin	Plural
der Hund	das Pferd	die Mutter	die Eltern
→ er	→ es	→ sie	→ sie

B Ich habe einen Bruder

Hören ▶ 47

6 Oliver oder Steffi? Hör zu und kreuze an.

	Oliver	Steffi	
1.	☐	☐	hat einen Bruder.
2.	☐	☐	ist ein Einzelkind.
3.	☐	☐	hat eine Schwester.
4.	☐	☐	hat keine Geschwister.

Sprechen

7 Fragt und antwortet.

Hast du Geschwister? → Ja, ich habe einen Bruder. Und du? Hast du Geschwister? → Nein, ich bin Einzelkind. Und du? Hast du Geschwister? → Ja, ich habe …

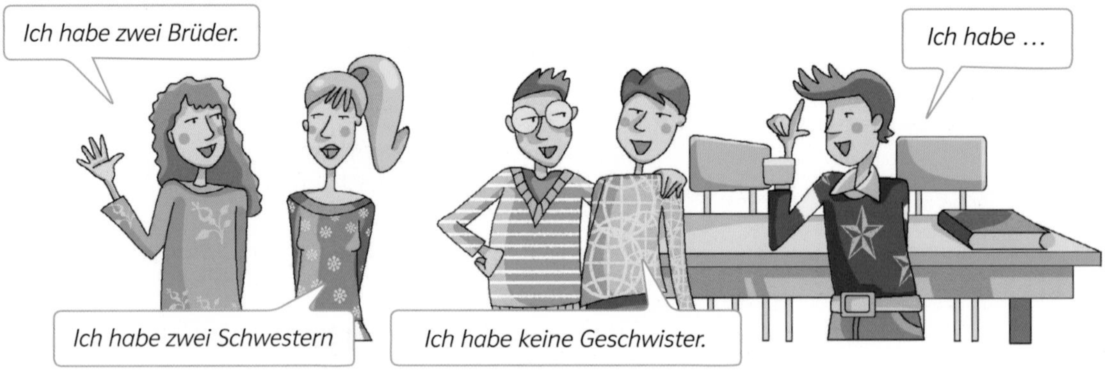

Ich habe zwei Brüder.
Ich habe …
Ich habe zwei Schwestern
Ich habe keine Geschwister.

Sprechen

Fit

8 Stell deine Familie vor.

Wie viele Personen seid ihr zu Hause? Hast du Geschwister?
Wie heißt dein Bruder? Und deine Schwester?
Wohnt deine Oma / dein Opa bei dir?
Wie alt ist sie / er? Hast du einen Hund oder eine Katze?

AB 8–10

C Wir gehören auch zur Familie

Ich habe eine Katze und ein Meerschweinchen. Ich möchte auch einen Hund haben, aber meine Mutter will es nicht. Sie sagt, wir haben keinen Platz zu Hause.

Ich mag Haustiere. Leider habe ich nur einen Hund. Aber ich möchte so gern einen Hamster haben. Oder zwei Goldfische.

Lesen

Fit **9 Richtig (R) oder falsch (F)? Lies und kreuze an.**

	R	F
Steffi hat zwei Haustiere.	☐	☐
Steffi möchte keinen Hund haben.	☐	☐
Oliver hat vier Haustiere.	☐	☐

Sprechen

10 Was ist richtig? Fragt und antwortet wie im Beispiel.

Ich bin Molly und bin ein Meerschweinchen.

Ich bin eine Katze und heiße Dedalus.

Und ich bin Fritz. Ich bin ein Hamster.

- Ist Molly ein Meerschweinchen?
- ○ Nein, Molly ist kein Meerschweinchen. Sie ist eine Katze.

Negation mit *kein* (Nominativ)

maskulin	neutral	feminin	Plural
kein	kein	keine	keine

Hören ▶ 48

11 Hör zu und sprich nach.

der Hund

der Goldfisch

das Kaninchen

die Schildkröte

die Katze

der Hamster

der Kanarienvogel

das Pferd

Grammatik

12 Hast du Haustiere? Ergänze die Tabelle.

Ich habe ...

einen	ein	eine	zwei, drei ...
			Hunde
			Katzen
			Goldfische
			Hamster
			Kaninchen
			Kanarienvögel
			Schildkröten
			Pferde

Der unbestimmte Artikel (Akkusativ)

maskulin	neutral	feminin	Plural
einen	ein	eine	–

Sprechen

13 Fragt und antwortet.

Hast du Haustiere? → Ja, ich habe einen Hund. Hast du Haustiere?
→ Nein, ich habe leider keine Haustiere. Hast du Haustiere? → Ja, ich habe zwei …

Sprechen

14 Immer nur Nein! Fragt und antwortet.

- Hast du einen Hamster?
- Nein, ich habe keinen Hamster, aber eine Katze!

Negation mit *kein* (Akkusativ)

maskulin	neutral	feminin	Plural
keinen	kein	keine	keine

Sprechen

15 Stell die Personen vor.

Sebastian, 12
Frankfurt
Mitteldeutschland
1 Schwester (Susi)
1 Hund (Trixi)

Martina, 10
Pinneberg / Hamburg
Norddeutschland
Einzelkind
1 Katze (Mautzi)

Thomas, 14
Freising / München
Süddeutschland
2 Brüder (Timo, Max)
1 Pferd (Vento)

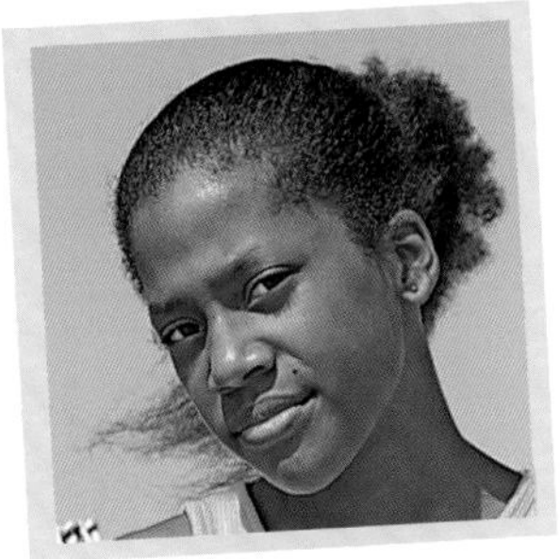

Regina, 15
Innsbruck
Österreich
1 Bruder (Peter)
1 Kanarienvogel
(Tschipi)

Also, Thomas ist 14 und wohnt in Freising. Das liegt in Süddeutschland, bei München. Thomas hat zwei Brüder. Sie heißen Timo und Max. Thomas hat auch ein Pferd. Es heißt Vento.

[Phonetik]

a Hör zu und lies mit. ◘ 49
Zehn – **Z**ürich, **z**wölf – **z**wei, Fri**tz** – Pla**tz**, Ka**tz**e – Ein**z**elkind – Fran**z**ösisch

b Hör zu und sprich nach. ◘ 50

c Hör zu und sprich nach. Übt zu zweit. Fragt und antwortet. ◘ 51
Was machen zehn Katzen?
Zehn Katzen sitzen um zwölf Uhr auf dem Fritzplatz in Zürich.

Spiel & Spaß

16 Kreuz in A fünf Felder an. Dein Partner / deine Partnerin kreuzt fünf Felder in B an. Frag wie im Beispiel. Ist die Antwort „Ja“, frag gleich noch mal. Ist die Antwort „Nein“, fragt dein Partner / deine Partnerin. Wer zuerst fertig ist, hat gewonnen. Viel Spaß!

● Hat Tobias zwei Brüder?
○ Nein.

● Hat Alexander eine Schwester?
○ Ja, er hat eine Schwester.

A

hat	zwei Brüder	einen Bruder und eine Schwester	einen Bruder und einen Hund	keine Geschwister und keine Haustiere	zwei Schwestern
Tobias	☐	☐	☐	☐	☐
Elisa	☐	☐	☐	☐	☐
Jean-Paul	☐	☐	☐	☐	☐
Marta	☐	☐	☐	☐	☐
Ali	☐	☐	☐	☐	☐

B

hat / ist	Einzelkind	ein Pferd, aber keine Geschwister	eine Schwester	eine Schwester und eine Katze	viele Haustiere
Theo	☐	☐	☐	☐	☐
John	☐	☐	☐	☐	☐
Alexander	☐	☐	☒	☐	☐
Paulina	☐	☐	☐	☐	☐
Helena	☐	☐	☐	☐	☐

Grammatik auf einen Blick

sein und *haben* im Präsens

Hast du Geschwister? Helena hat viele Haustiere.

Wie viele seid ihr zu Hause? Wir sind sechs Personen.

	sein	**haben**
ich	bin	habe
du	bist	hast
er, es, sie	ist	hat
wir	sind	haben
ihr	seid	habt
sie	sind	haben

Die Verben *sein* und *haben* sind unregelmäßig. Lern die Formen am besten auswendig!

Der bestimmte Artikel

Der Vater von Oliver heißt Günter.

Das Meerschweinchen von Steffi heißt Fritz.

Die Mutter von Oliver heißt Angelika.

Die Geschwister von Oliver heißen Florian und Anna.

Welche Artikel kennst du schon?

maskulin	**neutral**	**feminin**	**Plural**
der	das	die	die
Vater	Kind	Mutter	Eltern
Bruder		Schwester	Geschwister
Opa		Oma	Großeltern
Hund	Kaninchen	Katze	Haustiere

Nomen haben im Deutschen ein Genus.

Es gibt ______ verschiedene Genera: maskulin, neutral, feminin. Du erkennst das Genus am bestimmten Artikel:

d___ , d___ , d___ .

Personalpronomen (2)

der Vater — Er heißt Günter.
der Hund — Er heißt Dedalus.
das Kind — Es heißt Werner.
das Pferd — Es heißt Vento.
die Mutter — Sie heißt Angelika.
die Katze — Sie heißt Molly.
die Haustiere — Sie heißen Dedalus und Molly.

Welches Personalpronomen gehört zu welchem Genus?

maskulin	**neutral**	**feminin**	**Plural**
der Hund	das Pferd	die Katze	die Haustiere
→ er	→ ________	→ ________	→ ________

Possessivartikel (1)

Mein Vater wohnt in München.
Meine Mutter heißt Angelika.
Meine Eltern sind geschieden.

maskulin	neutral	feminin	Plural
mein / dein	mein / dein	meine / deine	meine / deine
Bruder Hund	Kind Pferd	Mutter Katze	Eltern Haustiere

Der unbestimmte Artikel: Nominativ und Akkusativ (1)

Dedalus ist **ein Hund**.
Ist Fritz **ein Meerschweinchen**?
Ich heiße Molly und bin **eine Katze**.
Molly und Dedalus sind **Haustiere**.

Ich habe **einen Bruder**. Ich habe **einen Hund**.
Herr und Frau Meier haben **ein Kind**. Thomas hat **ein Pferd**.
Marlena hat **eine Schwester**. Marlena hat **eine Katze**.
Hast du **Geschwister**? Ich mag **Haustiere**.

Welche Form ist im Akkusativ anders?

Der unbestimmte Artikel ändert sich im Akkusativ
☐ maskulin ☐ neutral ☐ fer

	maskulin	neutral	feminin	Plural
Nominativ	ein	ein	eine	-
Akkusativ	ein**en**	ein	eine	-

Negation mit *kein*

Ist Dedalus **ein** Hamster? Nein, er ist **kein** Hamster.
Ist Fritz **ein** Pferd? Nein, Fritz ist **kein** Pferd.
Hast du **eine** Katze? Nein, ich habe **keine** Katze.
Hast du Geschwister? Nein, ich habe **keine** Geschwister.

Woher kennst du die Formen?

kein steht immer vor einem Nom
Die Formen von *kein* sind gleich
beim ☐ unbestimmten
☐ bestimmten Artikel.

	maskulin	neutral	feminin	Plural
Nominativ	kein	kein	keine	keine
Akkusativ	kein**en**	kein	keine	keine

lural

	-er
das Kind	die Kind**er**
	-e
der Hund	die Hund**e**
der Fisch	die Fisch**e**
	-n
die Schwester	die Schwester**n**
die Katze	die Katze**n**

	–
der Hamster	die Hamster
das Kaninchen	die Kaninchen
	¨
die Mutter	die M**ü**tter
der Vogel	die V**ö**gel
	-s
die Oma	die Oma**s**
der Opa	die Opa**s**

Lern Nomen immer mit Artikel und Pluralform!

Wortschatz: Das ist neu!

die Familie, -n
die Mutter, ¨
der Vater, ¨
von *Das ist die Mutter von Oliver.*
die Geschwister (Plural) *Hast du Geschwister?*
haben (er hat)
kein, keine *Ich habe keine Geschwister.*
die Schwester, -n
der Bruder, ¨ *Ich habe einen Bruder.*
das Einzelkind, -er *Ich bin Einzelkind.*
geschieden *Meine Eltern sind geschieden.*
die Großeltern (Plural)
die Oma, -s
der Opa, -s
die Person, -en *Wir sind fünf Personen zu Hause.*

das Haustier, -e
der Goldfisch, -e
der Hamster, -
ich, er, sie möchte
der Hund, -e *Ich möchte gern einen Hund haben.*
der Kanarienvogel, ¨
das Kaninchen, -
ich, er, sie will
die Katze, -n *Meine Mutter will keine Katze.*
das Pferd, -e
die Schildkröte, -n
das Meerschweinchen, -
oder *Ich möchte einen Hund oder eine Katze.*

aber
klein
leider
mit
nicht
der Platz, ¨e *Wir haben keinen Platz zu Hause.*
wir
wie viele?
zu Hause *Wir haben zu Hause viele Tiere.*

Lektion 4

Meine Freunde

A Mein bester Freund, meine beste Freundin

Mein bester Freund ist Markus. Er wohnt auch in Nürnberg, nicht weit weg von mir. Er ist 13, wie ich. Wir sind beide in der Klasse 7b. Nachmittags lernen wir zusammen. Er spielt Fußball und ist ein großer Fan vom 1. FC Nürnberg. Manchmal gehen wir ins Stadion, aber nicht allein. Mein Vater kommt mit.

Tanja ist meine beste Freundin. Sie wohnt auch in der Bahnhofstraße in Erlangen, wie ich. Sie ist 14, ein Jahr älter als ich. Sie ist in der Klasse 8a. Wir haben dieselben Hobbys: Musik und Lesen. Sie singt in einem Chor. Manchmal machen wir zusammen Musik: Ich spiele Gitarre und sie singt. Wir telefonieren viel oder wir schicken uns SMS.

Lesen

1 Ergänze die Tabelle.

	Olivers bester Freund	Steffis beste Freundin
Name		
Alter		
Wohnort		
Klasse		
Hobbys		
gemeinsame Aktivitäten		

Wortschatz: Das ist neu!

die Leute (Plural)
Wir sind acht Leute.

der Junge, -n

das Mädchen, -

der Name, -n

die Clique, -n
Bist du in einer Clique?

der Freund, -e

die Freundin, -nen

bester, beste, bestes
Mein bester Freund heißt Markus.
Meine beste Freundin heißt Tanja.

kennen
Kennst du Martina?

lange
Wir kennen uns schon lange.

allein

gemeinsam
Wir haben gemeinsame Interessen.

zusammen
Wir machen zusammen Hausaufgaben.

beide

chaotisch

sympathisch

geduldig

hilfsbereit

intelligent

launisch

lustig

nett

schüchtern

ungeduldig

der Chor, ¨-e

singen
Ich singe in einem Chor.

der Treffpunkt, -e

das Einkaufszentrum, Einkaufszentren

die Eisdiele, -n

gehen
Wir gehen ins Kino oder in die Eisdiele.

das Jugendzentrum, Jugendzentren

das Kino, -s

der Marktplatz, ¨-e

der Park, -s

die Pizzeria, -s

das Schwimmbad, ¨-er

das Stadion, Stadien

der Fan, -s
Ich bin Fan vom FC Bayern München.

der Tennisclub, -s

die Turnhalle, -n

ihr
Was macht ihr?

bei

sich treffen (er trifft sich)
Wir treffen uns bei mir.

mitkommen (er kommt mit)

die Klasse, -n

die Hausaufgabe, -n

auf
auf dem Marktplatz

für

gut

die Idee, -n

das Interesse, -n

lieber

manchmal

schon

nur

die SMS, -

schicken
Wir schicken uns SMS.

telefonieren

sehr
Oliver ist sehr sportlich.

die Straße, -n
Wir wohnen in derselben Straße.

spazieren gehen (er geht spazieren)
Wir gehen zusammen spazieren.

vor

weit weg
Er wohnt weit weg von mir.

wohin?

Zwischenstation 2

Leute heute

Schreiben

1 Stell Familie Schneider vor.

Personen:	Vater (Karl, 45)
	Mutter (Birgit, 42)
	Sohn (Sebastian, 14)
	Tochter (Lena, 10)
	Oma (Herma, 73)
Haustiere:	Katze (Mautzi)
	Hund (Wolfi)
Wohnort:	Augsburg (bei München)

Das ist Familie Schneider. __________

____

____

Lesen

Fit **2 In einer Zeitschrift findest du zwei Texte über Jugendliche aus Deutschland.**

Beschreibung 1

„Hallo! Ich bin Florian aus Düsseldorf. Ich bin 14.
Meine Eltern sind geschieden und ich wohne bei meiner Mutter. Ich habe eine Schwester (Julia ist 10 und wohnt bei meinem Vater), zwei Haustiere (einen Hamster und eine Katze) und viele Freunde. Mein bester Freund heißt Luca und ist so alt wie ich. Wir gehen oft zusammen ins Kino oder spielen Fußball im Jugendzentrum. Wir haben viel Spaß zusammen!"

Beschreibung 2

„Mein Name ist Susanne und ich wohne in Hannover.
Ich bin Einzelkind, aber ich habe viele Freunde. Wir sind eine nette Clique: Fünf Mädchen und drei Jungs. Manchmal treffen wir uns bei mir zu Hause und sehen fern, spielen Computerspiele oder Volleyball im Garten. Leider habe ich keine Haustiere. Ich möchte gerne eine kleine, schwarze Katze, aber mein Vater will es nicht. Aber auch meine Mutter möchte die Katze. Sie sagt, wir haben einen Garten und das ist für eine Katze super."

Was ist richtig (R) und was ist falsch (F)? Markiere bitte.

	R	F
1. Florian wohnt bei seinem Vater.	☐	☐
2. Florian ist Einzelkind.	☐	☐
3. Florian mag Fußball.	☐	☐
4. Susanne hat viele Geschwister.	☐	☐
5. Susanne möchte ein Haustier.	☐	☐
6. Susannes Mutter mag keine Katzen.	☐	☐

Hören ▶ 57

3 Ein Interview: Wer spricht hier? Hör zu und markiere.

Tina – Interviewerin – Sabine

4 Was ist richtig? Hör noch einmal und kreuze an.

1. Tina hat nicht viele ☐ / zwei ☐ / drei ☐ gute Freundinnen.
2. Eine Freundin von Tina heißt Silvia ☐ / Sabine ☐ / Susanne.
3. Tina findet ihre Freundin nett ☐ / langweilig ☐ / lustig ☐.
4. Tina und ihre Freundin gehen in die 8b ☐ / 9b ☐ / 7b ☐.
5. Beide finden Musik ☐ / Handball ☐ / Computerspiele ☐ super.

Sprechen

Fit **5 Familie: Nach Informationen fragen.**
Übt zu zweit: Zieht eine Karte, fragt und antwortet wie im Beispiel.

Thema: Familie
Bruder

Thema: Familie
Mutter

Thema: Familie
Haustiere

Thema: Familie
Großeltern

Thema: Familie
Vater

Thema: Familie
Schwester

Wie alt ist dein Vater?
Er ist 47 Jahre alt.
Hast du eine Schwester?
Nein, ich bin …

Sprechen

6 Wer weiß mehr? Bildet zwei Gruppen in der Klasse. Gruppe A beschreibt Steffi, Gruppe B beschreibt Oliver. Für jeden richtigen Satz gibt es einen Punkt.

Wohnort? | Freunde? | Haustiere? | Geschwister?

Alter? | Hobbys? | Klasse?

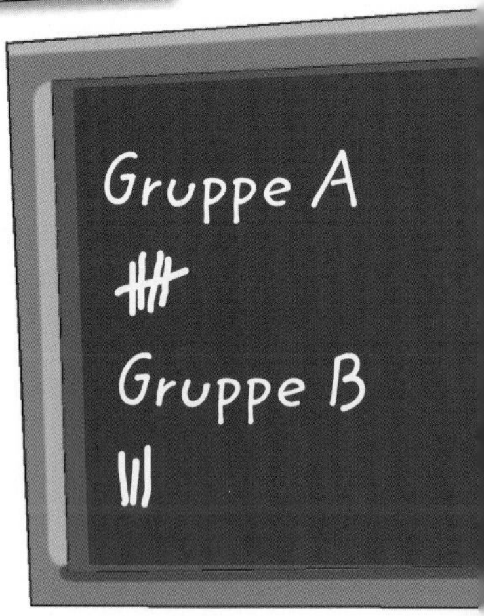

Schreiben

7 Fritz macht einen Ausflug. Schreib die Geschichte weiter.

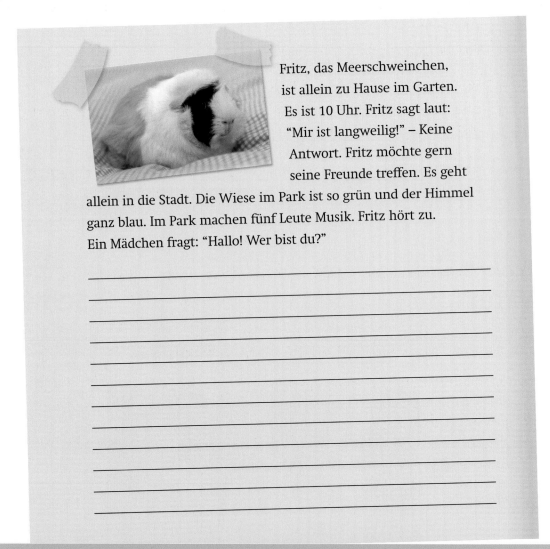

Fritz, das Meerschweinchen, ist allein zu Hause im Garten. Es ist 10 Uhr. Fritz sagt laut: "Mir ist langweilig!" – Keine Antwort. Fritz möchte gern seine Freunde treffen. Es geht allein in die Stadt. Die Wiese im Park ist so grün und der Himmel ganz blau. Im Park machen fünf Leute Musik. Fritz hört zu. Ein Mädchen fragt: "Hallo! Wer bist du?"

Landeskunde

Fünf bekannte Cliquen

Viele Jugendbücher erzählen von Freundschaft. Diese fünf Cliquen aus Büchern kennen und mögen sehr viele Kinder und Jugendliche in Deutschland. Sie erleben Abenteuer und haben manchmal ein gemeinsames Hobby.

A VorstadtKROKODILE

B Die wilden Fußballkerle

C Die wilden Hühner

D Freunde

E TKKG

☐	Die Anfangsbuchstaben von Tim, Karl, Klößchen und Gaby sind der Name der Clique. Die Freunde haben auch einen Hund: Er heißt Oskar. Die Freunde helfen als Hobby-Detektive der Polizei. Es ist nur ein Mädchen in der Clique: Gaby. Tim und Klößchen lernen und wohnen in der Internatsschule. Alle vier Freunde sind in der Klasse 9b.
☐	Zu der Clique gehören drei Freunde: Franz von Hahn, Johnny Mauser und der dicke Waldemar. Alle Freunde sind Tiere. Johnny Mauser, die Maus, ist klein, aber auch stark und mutig. Die drei Freunde fahren gemeinsam ein Fahrrad.
☐	Das Hobby der vierzehn sportlichen Freunde ist Fußball. Die Jungen und Mädchen sind auch eine Mannschaft. Ihre Fußball-Trikots sind orange mit einem wilden Gesicht. Vor jedem Spiel rufen die Freunde: „Alles ist gut, solange du wild bist!"
☐	Die Clique wohnt in der Vorstadt, im Grünen. Ihr Symbol ist ein grünes Krokodil. Hannes und Kurt, zwei Jungen, möchten gern in der Clique sein, aber das ist nicht so einfach.
☐	In dieser Clique sind nur Mädchen. Sie heißen Sprotte, Melanie, Trude, Frieda und Wilma. Die Haustiere von Sprotte sind Hühner. Darum ist das Symbol von der Clique eine Hühnerfeder. Die Freunde treffen sich gern bei der Oma von Sprotte.

Lesen

8 Was gehört zusammen? Lest die Texte und ordnet die Cliquen zu.

Sprechen

9 Recherchiert im Internet und diskutiert in der Klasse.

Wie sehen die Personen in den Cliquen aus?
Wie heißen die Autoren der Bücher?
Zu welchen Büchern gibt es Kinofilme?
Welche Cliquen aus den fünf Büchern findet ihr sympathisch / langweilig / cool / lustig / …?
Kennst du andere Cliquen oder beste Freunde aus Büchern?

Lektion 5

Wir, die Klasse 7b

A Unsere Klasse

1

2

3

4

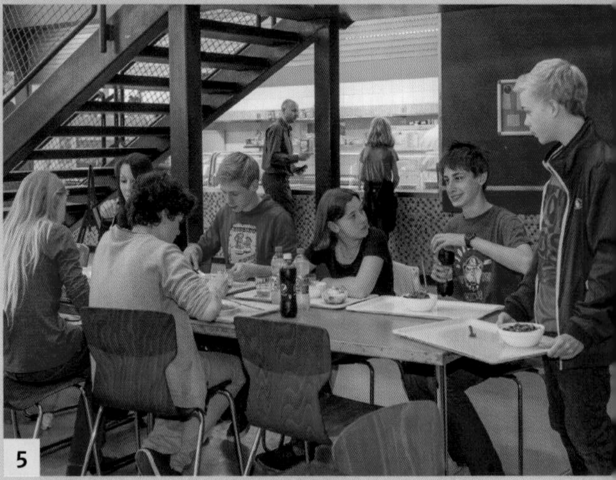

5

Lesen

1 Was passt zusammen? Ordne zu.

- ☐ a Unsere Schule heißt Elisabeth-Schule. Sie liegt in Nürnberg, in der Hallerstraße.
- ☐ b Wir sind die Klasse 7b. Wir sind 13 Jungen und 11 Mädchen.
- ☐ c Am Nachmittag haben wir Extrakurse: Informatik, Musik, Theater …
- ☐ d Wir bleiben bis 16 Uhr in der Schule. Wir machen zusammen Hausaufgaben.
- ☐ e Zu Mittag essen wir in der Schule. Es gibt nämlich eine Mensa.

Lesen

2 Zum Verständnis: Bilde Sätze.

	haben	zusammen	24 Schüler und Schülerinnen.
	machen	am Nachmittag	zu Mittag.
Wir	bleiben	in der Klasse 7b	Hausaufgaben.
	essen	in der Schule	in der Schule.
	sind	bis 16 Uhr	Extrakurse.

Wir haben am Nachmittag Extrakurse.

____

____

____

Possessivartikel

maskulin	neutral	feminin	Plural
unser	unser	unser**e**	unser**e**
euer	euer	eur**e**	eur**e**

Sprechen

3 Was antworten die Schüler der 7b?

Fit

Also, unsere Schule …
Wir …

Wie heißt eure Schule?
Wie viele seid ihr in der Klasse?
Wie lange bleibt ihr in der Schule?
Habt ihr am Nachmittag Extrakurse?
Esst ihr in der Schule zu Mittag?

Sprechen

4 Stell deine Klasse vor.

Unsere Schule heißt …
Wir sind … in der Klasse:
… Jungen und … Mädchen.
Wir …

Sprechen

5 Fragt und antwortet wie im Beispiel.

● Esst ihr in der Mensa?

○ Ja, wir essen in der Mensa.
○ Nein, wir essen nicht in der Mensa.

[bis 16 Uhr in der Schule bleiben • zusammen Hausaufgaben machen • einen Informatikkurs haben • Englisch lernen • gern zur Schule gehen]

B Unser Schuldirektor

Hören ▶ 58

6 **Jakob und Franziska führen ein Interview mit dem Schuldirektor. Hör zu und mach Notizen.**

Herr Lach, wo wohnen Sie? Wie alt sind Sie? Sind Sie verheiratet? Haben Sie Kinder? Was sind Ihre Hobbys? Hören Sie gern Musik? Haben Sie eine E-Mail-Adresse?

Wohnort: ______
Alter: ______
Verheiratet? ______
Kinder? ______
Hobbys? ______
Musik? ______
E-Mail: ______

Schreiben

7 **Ein Artikel für die Schülerzeitung.**

Unser Schuldirektor heißt Peter Lach. Er ist …

______

______

Sprechen

8 **Fragt euren Deutschlehrer / eure Deutschlehrerin.**

Wo wohnen Sie? Woher kommen Sie?

Hören Sie gern Musik?

Sind Sie verheiratet?

Was machen Sie in Ihrer Freizeit?

Haben Sie Kinder?

du-Form	**höfliche Form**
Max, wo wohnst **du**?	Herr Lach, wo wohnen **Sie**?

AB 7–11

C Unsere Lehrer und Lehrerinnen

Lesen

9 Die Lehrer und Lehrerinnen der Klasse 7b. Lies die Texte und ergänze die Tabelle.

Annette Kohl
unterrichtet Englisch. Sie ist verheiratet und hat eine Tochter. Sie ist nett und nicht sehr streng. Die Englischstunde ist nie langweilig. Bei Frau Kohl lernen die Schüler und Schülerinnen sehr gern Englisch.

Karl Schmidt
unterrichtet Mathematik. Er ist Single, chaotisch und sehr unordentlich. Seine Erklärungen sind eine Katastrophe. Deshalb finden alle Mathe langweilig und schwer.

Stefan Lange
ist der Sportlehrer. Er ist jung, dynamisch und sympathisch. Seine Stunden sind immer sehr lustig. Alle mögen Sport. Herr Lange spielt Basketball in der 2. (zweiten) Liga. Er spielt wirklich sehr gut.

Claudia Specht
unterrichtet Deutsch. Sie ist jung, aber sehr autoritär. In der Klasse sind die Schüler und Schülerinnen immer still und hören zu. Sie ist nicht verheiratet und hat eine kleine Tochter.

Klaus Novak
unterrichtet Geschichte. Er ist nicht mehr sehr jung (er ist schon 58), aber immer noch dynamisch und aktiv. Er erklärt sehr gut und seine Stunden sind interessant. Er hat ein Geschichtsbuch für die Schule geschrieben. Das finden wir alle toll.

Karin Küppers
unterrichtet Musik. Sie spielt Geige in einem Orchester. Sie ist sehr nett, aber ein wenig schüchtern. Alle Schüler und Schülerinnen lernen gern Musik. Sie hat einen Freund. Er ist auch Musiker und spielt Klarinette in demselben Orchester.

Vorname / Name: __________

Fach: __________

Charakter / Persönlichkeit: __________

Die Stunde mit ihm / ihr: __________

Besondere Informationen: __________

Sprechen

10 Stell die Lehrer in der Klasse vor.

Lesen

11 Wer ist das?

1. Er / Sie erklärt sehr schlecht. *Das ist Karl Schmidt, der Mathematiklehrer.*
2. Er / Sie ist sehr autoritär. *Das ist Claudia Specht, die Deutschlehrerin.*
3. Er / Sie erklärt sehr gut. __________
4. Er / Sie spielt in einem Orchester. __________
5. Er / Sie spielt sehr gut Basketball. __________
6. Er / Sie hat eine Tochter. __________
7. Er / Sie ist nicht mehr so jung. __________
8. Er / Sie ist schüchtern. __________
9. Er / Sie hat ein Buch geschrieben. __________
10. Er / Sie ist Single. __________

Wortschatz

12 Meine Lieblingsfächer. Ordne zu.

☺ Das mag ich: __________

☹ Das mag ich nicht: __________

Sprechen

13 **Wie findest du …? Fragt und antwortet.**

● Wie findest du Mathe?
○ Mathe finde ich toll!

+	–
… ist interessant.	… ist uninteressant.
… ist super.	… macht keinen Spaß.
… finde ich toll.	… finde ich langweilig.
… mag ich sehr.	… mag ich nicht.
… ist lustig.	… ist nicht so lustig.

Sprechen

14 **Malt ein Symbol für euer Lieblingsfach auf ein Papier. Lauft durch die Klasse und zeigt das Symbol. Fragt und antwortet.**

Was ist mein Lieblingsfach? Rate mal!

Dein Lieblingsfach ist Sport.

Richtig!

Sprechen

15 **Seht euch Olivers Stundenplan an. Fragt und antwortet wie im Beispiel.**

Olivers Stundenplan

Montag	Dienstag	Mittwoch	Donnerstag	Freitag
Deutsch	Französisch	Englisch	Mathematik	Französisch
Geographie	Physik	Mathematik	Musik	Religion
Mathematik	Englisch	Französisch	Geschichte	Physik
Mathematik	Geschichte	Französisch	Geographie	Englisch
Sport	Deutsch	Deutsch	Englisch	Deutsch
	Religion		Biologie	Musik
	Sport		Kunst	
	Sport		Kunst	

a ● Was hat Oliver am Montag?
○ Am Montag hat Oliver Deutsch, Mathe, Geographie und Sport.

b ● Wann hat Oliver Deutsch?
○ Am Montag, am Dienstag, am Mittwoch und am Freitag.

AB 12–22

Phonetik

a Hör zu, achte auf die Betonung und sprich nach. ▶ 59

b Hör zu und schau dir dabei Olivers Stundenplan an.
Welcher Tag ist das? ▶ 60

____

c Was ist dein Lieblingsfach, wann hast du es?
Erzähle es deinem Partner / deiner Partnerin und achte dabei auf die Betonung.
Tipp: Klopfe bei der betonten Silbe auf den Tisch oder klatsche in die Hände!

Landeskunde

Schule in Deutschland

Mit 6 Jahren gehen die Kinder in die Grundschule (4 Jahre).

Mit 10 Jahren müssen die Kinder wählen: Hauptschule (5 oder 6 Jahre), Realschule (6 Jahre) oder Gymnasium (8 oder 9 Jahre). Das Gymnasium endet mit dem Abitur.

Mit dem Abitur kann man an der Universität studieren. Die Schulnoten in Deutschland sind:

1 = sehr gut 2 = gut 3 = befriedigend 4 = ausreichend 5 = mangelhaft 6 = ungenügend

Die Sommerferien dauern in Deutschland 6 Wochen. Sie beginnen nicht in ganz Deutschland am selben Tag. In Hamburg beginnen sie z. B. im Juli, in München Anfang August.

Es gibt aber auch andere Ferien, z. B. im Herbst. Am Samstag ist in Deutschland keine Schule.

Lesen

16 **Stell dir vor, du gehst in Deutschland in die Schule.
Was ist dann richtig (R), was falsch (F)?**

	R	F
1. Mit 5 Jahren gehe ich in die Hauptschule.	☐	☐
2. Im Gymnasium bin ich neun Jahre lang.	☐	☐
3. Nach der Realschule kann ich an der Universität studieren.	☐	☐
4. Ich habe eine 2 in Mathematik – das ist gut!	☐	☐
5. Im Sommer habe ich 6 Wochen Ferien.	☐	☐
6. Ich wohne in München. Meine Sommerferien beginnen im Juli.	☐	☐
7. Im Herbst habe ich keine Ferien.	☐	☐
8. Am Samstag gehe ich nicht in die Schule, das ist super!	☐	☐

Grammatik auf einen Blick

Verben im Präsens (4)

\lle finden Mathe schwer. Wie findest du Mathe?
)liver findet Sport super.
\nnette Kohl unterrichtet Englisch, Claudia Specht Deutsch.

	finden	unterrichten
ich	find-e	unterricht-e
du	find-**e**st	unterricht-**e**st
er, es, sie	find-**e**t	unterricht-**e**t
wir	find-en	unterricht-en
ihr	find-**e**t	unterricht-**e**t
sie, Sie	find-en	unterricht-en

Bildung:
fin**d**- / unterrich**t**-
+ ________ + Personen-Endung

du-Form / höfliche Form

Zu wem sagst du Sie, *zu wem* du?

Vie findest du Mathe, Steffi?
>apa, hörst du gern Musik?
-rau Specht, sind Sie verheiratet?
Vo wohnen Sie, Herr Lach?

du: Freunde, ________ , ________
Sie: Erwachsene, ________ , ________

Possessivartikel (2)

Jnser Sportlehrer heißt Stefan Lange.
Jnser Lieblingsfach ist Musik.
Vie heißt eure Schule?
Jnsere Lehrer sind nett. Wie sind eure Lehrer?

maskulin	neutral	feminin	Plural
unser / euer	unser / euer	unser**e** / eur**e**	unser**e** / eur**e**
Deutschlehrer Schuldirektor	Lieblingsfach	Mathelehrerin Schule Klasse	Lehrer Lehrerinnen

Welche Possessivartikel kennst du schon?

Vas machen Sie in Ihrer Freizeit, Herr Lach?
Vas sind Ihre Hobbys, Frau Specht?

ich	du	er	sie	wir	ihr	Sie
						Ihr / e

Negation mit *nicht*

Ist Mathe dein Lieblingsfach? — Nein, Mathe ist **nicht** mein Lieblingsfach.
Esst ihr in der Mensa? — Nein, wir essen **nicht** in der Mensa.
Findest du Deutsch schwer? — Nein, Deutsch ist **nicht** schwer.

Mit **nicht** verneinst du den Satz.

Temporalangaben mit *am*

Am Montag hat Oliver Deutsch und Mathematik.
Am Nachmittag besuchen wir Extrakurse.

am (an dem)
Wochentage: am Montag, am Freitag, …
Tageszeit: am Nachmittag, …

Welches Nomen gibt dem Wort das Genus?

Zusammengesetzte Wörter

das Haus	+ **die** Aufgaben	→ **die** Haus**aufgaben**
die Informatik	+ **der** Kurs	→ **der** Informatik**kurs**
die Schule	+ **der** Direktor	→ **der** Schul**direktor**
Deutsch	+ **der** Lehrer	→ **der** Deutsch**lehrer**
Englisch	+ **die** Stunde	→ **die** Englisch**stunde**

Das ☐ letzte / ☐ erste Nomen gi
zusammengesetzten Wort das Ge

Wortschatz: Das ist neu!

das Fach, ¨-er
Was ist dein Lieblingsfach?

die Biologie (Singular)

die Geographie (Singular)

die Geschichte (Singular)

die Informatik (Singular)

die Physik (Singular)
Ich finde Physik interessant.

die Mathematik (Singular)

schwer
Mathe ist schwer.

die Schülerzeitung, -en

das Orchester, -
Frau Küppers spielt in einem Orchester.

am
am Montag, am Dienstag

der Montag, -e

der Dienstag, -e

der Mittwoch, -e

der Donnerstag, -e

der Freitag, -e

der Samstag, -e

der Sonntag, -e

die Mensa, -s

essen (er isst)
Wir essen in der Mensa.

der Mittag, -e
zu Mittag essen

der Nachmittag, -e

die Schule, -n

der Schuldirektor, -en

der Lehrer, -

die Lehrerin, -nen

unterrichten
Was unterrichtet Frau Kohl?

erklären
Herr Novak erklärt sehr gut.

die Erklärung, -en

wann?
Wann hast du Mathe?

der Stundenplan, ¨-e

die Stunde, -n
Die Englischstunde ist sehr interessant.

der Kurs, -e
Wir besuchen Extrakurse.

aktiv

autoritär

chaotisch

dynamisch

interessant

jung

still

streng

unordentlich

verheiratet

der Single, -s

euer, eure

unser, unsere

Sie

das Kind, -er
Haben Sie Kinder?

der Basketball (Singular)

das Buch, ¨-er

die Klarinette, -n

die Geige, -n
Frau Küppers spielt Geige.

das Alter (Singular)

der Vorname, -n

Italienisch

der Spaß (Singular)
Ich habe viel Spaß.

alle

besonders

immer

bis

besuchen

bleiben
Wir bleiben bis 16 Uhr in der Schule.

Lektion 6

Schule und Schulsachen

A Was ist in deiner Schultasche?

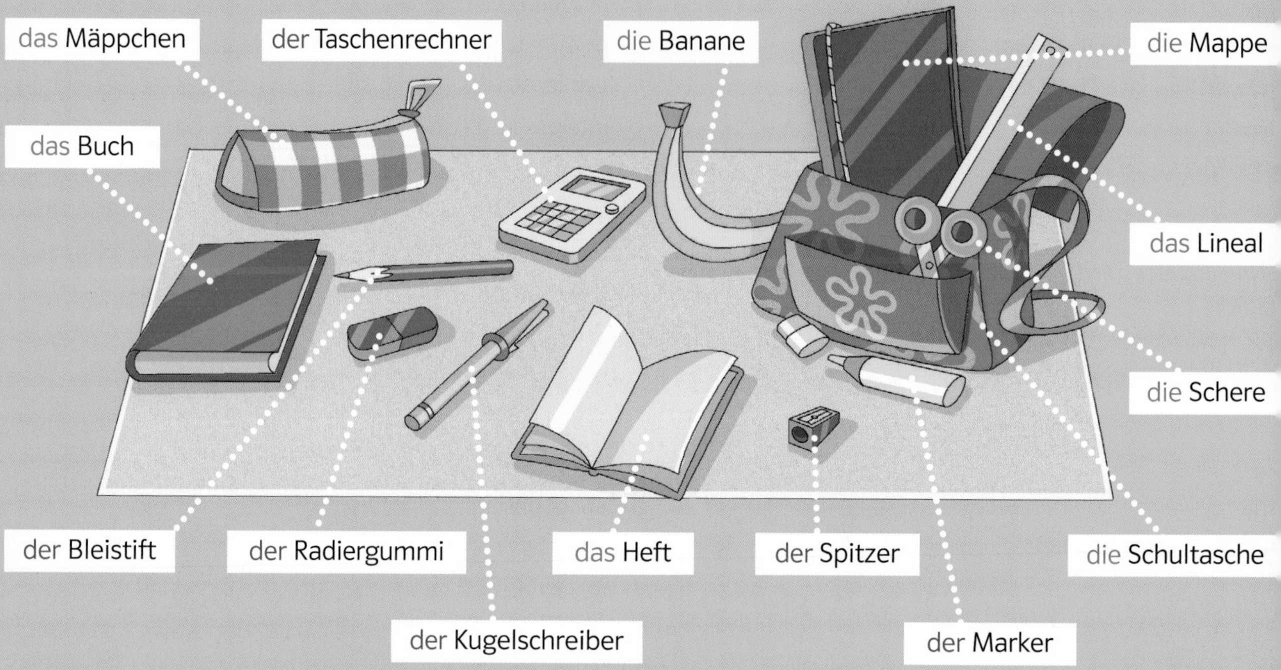

Hören ▶ 61

1 Hör zu und sprich nach.

Wortschatz

2 Schaue dir das Bild eine Minute lang an und merke dir die Gegenstände. Mach dann das Buch zu. Nenn so viele Dinge wie möglich.

Sprechen

3 Zeigt Gegenstände in der Klasse: Wie heißt das auf Deutsch?

Grammatik

4 Verbinde und bilde Sätze wie im Beispiel.

a Es hat viele Bilder. b Sie ist blau. c Er ist sehr nützlich. d Er schreibt gut.

die Banane

der Kugelschreiber

die Schere

das Heft

die Mappe

das Buch

der Marker

der Taschenrechner

e Sie ist lecker. f Sie schneidet gut. g Er ist rot. h Es ist klein.

Der Kugelschreiber schreibt gut. ____________________

____

Hören ▶ 62

5 Zur Kontrolle: Hör zu und vergleiche.

Sprechen

6 Fragt und antwortet wie im Beispiel.

● Was ist das? Ein Heft?
○ Ja, das ist ein Heft.
○ Nein, das ist kein Heft. Das ist ein Buch.

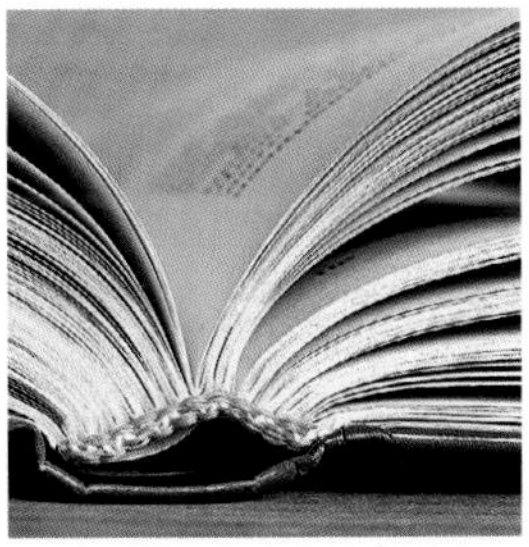

Wortschatz

7 Was ist in deiner Schultasche und in deinem Mäppchen? Ergänze und berichte.

Was ist in deiner Schultasche?
Und in deinem Mäppchen?

Spiel & Spaß

8 **Plural-Spiel. Kopiert die Seite, schneidet die Spielkarten aus und faltet sie in der Mitte. Zeigt nur das Bild und fragt: Was ist das? Viel Spaß!**

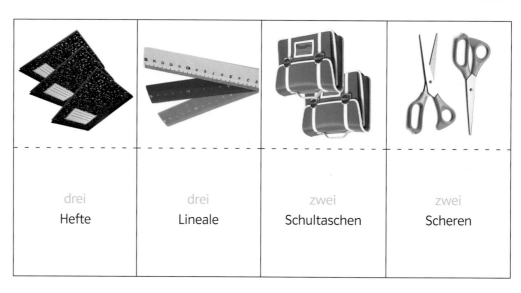

zwei Bücher	drei Kugelschreiber	zwei Computer	vier Bleistifte
			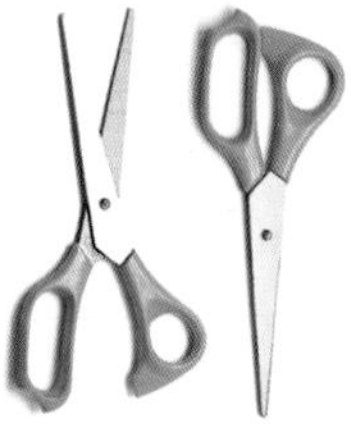
drei Hefte	drei Lineale	zwei Schultaschen	zwei Scheren
	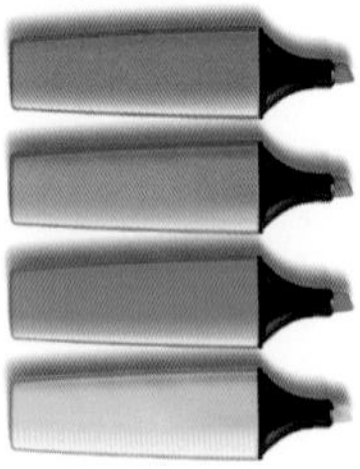		
zwei Spitzer	vier Marker	zwei Taschenrechner	drei Radiergummis

B Das brauche ich in der Schule

Lesen

9 Florian hilft Anna, ihre Schultasche zu packen. Was braucht Anna? Lies und kreuze an.

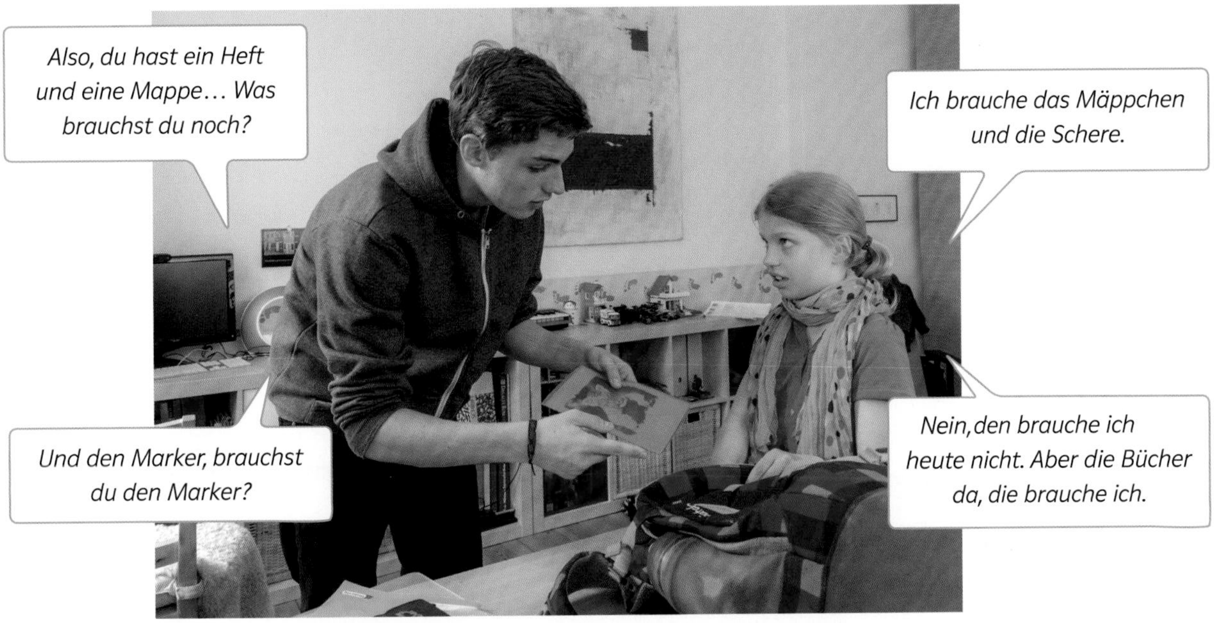
Also, du hast ein Heft und eine Mappe… Was brauchst du noch?
Ich brauche das Mäppchen und die Schere.
Und den Marker, brauchst du den Marker?
Nein, den brauche ich heute nicht. Aber die Bücher da, die brauche ich.

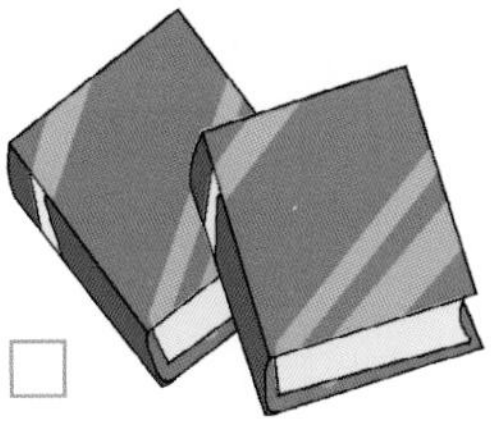

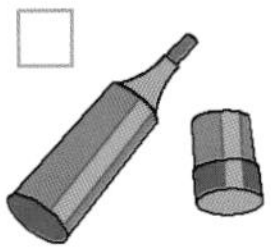

Deklination: Akkusativ
Nom. der Marker
Akk. de**n** Marker

Sprechen

10 Fragt und antwortet wie im Beispiel.

a ● Brauchst du den Marker?
○ Ja, den brauche ich.
○ Nein, den brauche ich nicht.

b ● Brauchst du das Matheheft?
○ Ja, das brauche ich.
○ Nein, das brauche ich nicht.

c ● Brauchst du die Mappe?
○ Ja, die brauche ich.
○ Nein, die brauche ich nicht.

d ● Brauchst du die Bücher?
○ Ja, die brauche ich.
○ Nein, die brauche ich nicht.

Sprechen

11 Chaos in Annas Klasse. Wer sucht was? Fragt und antwortet.

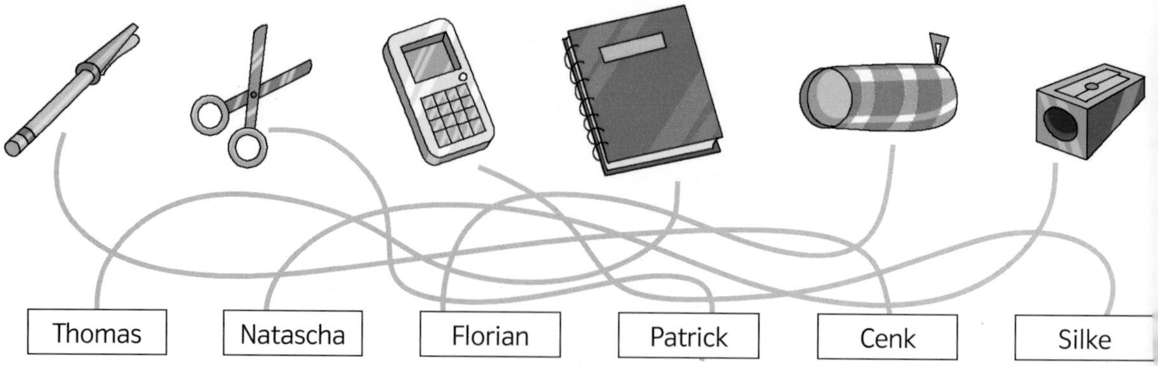
Thomas
Natascha
Florian
Patrick
Cenk
Silke

- Was sucht Thomas? ○ Er sucht das Heft.

Grammatik

12 Was denkt Annas Lehrer? Was sagt er? Ergänze.

Natascha hat keinen Spitzer.
Cenk braucht einen Kugelschreiber.
Patrick hat keine Schere.
Thomas findet sein Heft nicht.
Silke sucht ihren Taschenrechner.

[den Spitzer • die Schere • den Kugelschreiber • das Heft • den Taschenrechner]

Emily, bring Natascha ______________________, bitte!

Lena, bring Patrick ______________________!

Cenk, hol dir ______________________ von Lukas!

Chris, zeig Thomas ______________________!

Maria, such mit Silke ______________________!

Imperativ
bringen
~~du~~ bring~~st~~
bring!

Sprechen

13 Was sollen die Jugendlichen tun? Bildet Sätze wie im Beispiel und führt die Aufforderungen aus.

Anna, bring Eva den Bleistift!
Thomas, zeig Silke das Mathebuch!

AB 10–16

C Eine Schule stellt sich vor

Die Elisabeth-Schule in Nürnberg

Das ist die Elisabeth-Schule in der Hallerstraße in Nürnberg.
Die Elisabeth-Schule ist ein Gymnasium. 760 Schüler und Schülerinnen zwischen 10 und 18 besuchen diese Schule.
Es gibt insgesamt 28 Klassen. Unterricht ist jeden Tag von 8.05 Uhr bis 15.30 Uhr.
Die Schule ist sehr modern. Es gibt einen Computerraum, ein Sprachlabor, eine Bibliothek, zwei Sporthallen und eine Cafeteria. Und es gibt natürlich auch eine Mensa. Hier essen die Schüler und Schülerinnen zu Mittag. Ein Essen kostet 3,20 Euro.

Lesen

14 Zum Verständnis: Lies und ergänze die Zeilennummern zu den Stichworten.

Schule: Name und Adresse	Zeile 1, 2
Schüler: Anzahl und Alter	Zeile ___
Unterrichtszeiten	Zeile ___
Räume in der Schule	Zeile ___
Essen in der Schule	Zeile ___

Personalpronomen
die Schüler und Schülerinnen
→ sie

Sprechen

15 Beantworte die Fragen.

1. Wo liegt die Elisabeth-Schule?
2. Ist die Elisabeth-Schule eine Realschule?
3. Wie viele Schüler und Schülerinnen besuchen die Elisabeth-Schule?
4. Wann ist Unterricht?
5. Was gibt es in der Elisabeth-Schule?

Wortschatz

16 Was gibt es in deiner Schule? Kreuze an und berichte.

In meiner Schule gibt es ein …, aber es gibt kein …

es gibt + Akkusativ
Es gibt einen Musikraum.

In meiner Schule gibt es …

- ☐ eine Turnhalle
- ☐ ein Sprachlabor
- ☐ eine Mensa
- ☐ eine Bibliothek
- ☐ einen Musikraum
- ☐ eine Schwimmhalle
- ☐ eine Cafeteria
- ☐ einen Computerraum
- ☐ …

Schreiben

17 Ergänze.

Meine Schule heißt ______________________ und liegt in ______________________ .

__________ Schüler und Schülerinnen besuchen die Schule.

__________ Lehrer unterrichten dort. Unterricht ist von ______________ bis ______________ :

In meiner Schule gibt es ____ ,

aber es gibt kein ____ .

Phonetik

a Was fällt dir auf? Hör zu, achte auf die betonten Vokale und sprich nach. ▶ 63

b Langer oder kurzer Vokal? Hör zu, sprich nach und breite die Arme aus (lang) oder klatsche in die Hände (kurz). ▶ 64

c Was hast du in deiner Schultasche? Nenn deinem Partner / deiner Partnerin zuerst Dinge, die einen langen Vokal haben, dann Dinge, die einen kurzen Vokal haben.

Grammatik auf einen Blick

Der bestimmte und der unbestimmte Artikel

Das ist ein Bleistift. Der Bleistift ist grün.
Das ist ein Buch. Das Buch hat viele Bilder.
Das ist eine Schule. Die Schule ist sehr modern.
Das sind zwei Bücher. Die Bücher sind rot.

maskulin	neutral	feminin	Plural
der Bleistift	**das** Buch	**die** Schule	**die** Bleistifte, Schulen, Bücher
ein Bleistift	**ein** Buch	**eine** Schule	- Bleistifte, Schulen, Bücher

unbestimmter Artikel:
eine Schule = eine von vielen
bestimmter Artikel:
die Schule = die hier

Personalpronomen (3)

der Kugelschreiber	**Er** schreibt gut.
das Heft	**Es** ist klein.
die Banane	**Sie** ist lecker.
die Schüler	**Sie** besuchen die Elisabeth-Schule.

Die Personalpronomen stehen für Nomen im Text.

Deklination: Nominativ und Akkusativ (2)

Der Bleistift schreibt gut.
Ein Spitzer ist oft klein.
Brauchst du **den Bleistift**?
Ich habe **einen Spitzer** in meinem Mäppchen.

	maskulin	neutral	feminin	Plural
Nominativ	der ein	das ein	die eine	die -
Akkusativ	**den** **einen**	das ein	die eine	die -

Welche Form ist im Akkusativ anders? Erinnerst du dich?

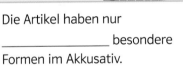

Die Artikel haben nur ______________ besondere Formen im Akkusativ.

Imperativ (1)

Bring Tina den Spitzer, bitte! Zeig Silke das Mathebuch!

Infinitiv	Imperativ Singular
zeigen	Zeig!
suchen	Such!

Infinitiv	Imperativ Singular
holen	Hol!
bringen	Bring!

Der Imperativ Singular hat keine Endung für die Person.
2. Pers. Sgl.: du zeig-st →
Imperativ: Zeig!

Die Form *es gibt*

In meiner Schule **gibt es** *einen* Musikraum, *ein* Sprachlabor, aber *keine* Mensa.

Was heißt es gibt *in deiner Sprache?*

es gibt steht mit Akkusativ!

Plural

	¨-er
das Buch	die B**ü**ch**er**
	-e
der Bleistift	die Bleistift**e**
	-n
die Schule	die Schule**n**

	-
der Spitzer	die Spitzer
	-s
der Radiergummi	die Radiergummi**s**
	¨-e
der Ball	die B**ä**ll**e**

Lern Nomen immer mit Artikel und Pluralform!

Wortschatz: Das ist neu!

die Banane, -n
der Bleistift, -e
das Heft, -e
kein, keine *Das ist kein Heft.*
der Kugelschreiber, -
brauchen *Brauchst du den Kugelschreiber?*
das Lineal, -e
das Mäppchen, - *Was hast du in deinem Mäppchen?*
die Mappe, -n
der Marker, -
der Radiergummi, -s
die Schere, -n
schneiden *Die Schere schneidet gut.*
die Schultasche, -n *Was hast du in deiner Schultasche?*
der Spitzer, -
der Taschenrechner, -

bitte
da
heute
hier

klein
lecker
nützlich

das Gymnasium, Gymnasien
die Bibliothek, -en
die Cafeteria, -s
der Computerraum, ¨-e
der Musikraum, ¨-e
die Schwimmhalle, -n
das Sprachlabor, -e *Gibt es ein Sprachlabor in deiner Schule?*
die Turnhalle, -n
es gibt *In der Schule gibt es eine Mensa.*

das Bild, -er
der Unterricht (Singular)

bringen
finden *Thomas findet sein Heft nicht.*
holen
kosten *Ein Essen kostet 3,20 Euro.*
schreiben
suchen
sich vorstellen (er stellt sich vor) *Eine Schule stellt sich vor.*
zeigen

Zwischenstation 3

Rund um die Schule

Phillip

In meiner Traumschule beginnt der Unterricht um 10 Uhr. Und um 12 Uhr gehen wir dann wieder nach Hause. Die Schule ist sehr groß und hat viele Freizeiträume: Hier spielen wir Karten, surfen im Internet, chatten, sehen fern, hören Musik …

Die Schüler lernen auf Sofas. Die Lehrer haben nur Stühle! Unsere Fächer sind: Computerspiele, Filme drehen, Kochen, Karate und Musik. Wir haben keine Hausaufgaben. In der Schule gibt es ein Schwimmbad, ein Kino, ein Restaurant … Und die Pause ist zwei Stunden lang!

Namira

Wir sind die Lehrer, und die Lehrer sind die Schüler. Der Schuldirektor und unsere Lehrer sind wie Klassenkameraden! Auf dem Schulhof ist ein Fußballplatz. Lehrer und Schüler spielen in der Pause zusammen Fußball. Die Pause ist eine Stunde lang!

Erik

Nina

Meine Traumschule ist eine Mädchenschule. Es gibt keine Lehrer, nur Lehrerinnen. Sie sind sehr jung und nett. Zusammen haben wir viel Spaß!

Charlotte

Meine Traumschule ist groß und schön. Alle Schüler haben einen Computer mit Internetanschluss. Mathe lernen wir nicht, aber wir haben fünf Stunden Sport in der Woche. Die Turnhalle ist sehr groß und es gibt natürlich auch ein Schwimmbad!

Lesen

1 Meine Traumschule. Wer schreibt was? Ergänze die Namen.

1. Die Lehrer, nicht die Schüler lernen. ______________________
2. Die Schule soll nicht so früh beginnen. ______________________
3. Es gibt nur Frauen und Mädchen in der Schule. ______________________
4. In der Schule gibt es viel Sportunterricht. ______________________
5. Die Pause ist sehr lang. ______________________

Schreiben

2 Wie ist deine Traumschule? Benutze die Informationen und schreib einen kurzen Text.

Meine Traum-schule ist …

Meine Traumschule ist …	groß / schön / modern …
Der Unterricht ist …	von … bis … / nur zwei Stunden …
Meine Lehrer und Lehrerinnen sind …	nett / intelligent …
In der Schule gibt es …	ein Kino / einen Fußballplatz …
Unsere Fächer sind …	Musik / Inlineskaten …

Meine Traumschule ist ______________________

____

____

____

Hören ▶ 65

3 Interview mit Jakob. Was antwortet er? Hör zu und kreuze an.

In welche Klasse geht Jakob?

☐ in die 7c ☐ in die 7b ☐ in die 7e

Hat er am Samstag Schule?

☐ Ja ☐ Ja, aber nur Sport. ☐ Nein

Wann beginnt der Unterricht?

☐ um 8.30 Uhr ☐ um 8 Uhr ☐ um 9 Uhr

Wie lange bleiben die Schüler und Schülerinnen in der Schule?

☐ bis 13 Uhr ☐ bis 14.30 Uhr ☐ bis 13.30 Uhr

Gibt es in der Schule Pausen?

☐ Ja, zwei Pausen. ☐ Nein, es gibt keine Pause. ☐ Ja, drei Pausen.

Sprechen

Fit **4** **Schule: Nach Informationen fragen.**
Übt zu zweit: Zieht eine Karte, fragt und antwortet wie im Beispiel.

Schule brauchen ?
Schule modern ?
Schule Schultasche ?
Schule Deutsch ?
Schule Mäppchen ?
Schule Lehrer ?
Was ist in deinem Mäppchen?
In meinem Mäppchen …
Wie heißt dein Deutschlehrer?
Mein Deutschlehrer heißt …

Sprechen

5 **Auf dem Schulhof. Ergänzt den Dialog und spielt ihn vor der Klasse.**

● Hallo, ich bin Patrick. Und du?

○ Grüß dich, ich ____________ Isabell. In welcher ____________?

● In der ____________. Und du?

○ Ich ____________.

● Hast du auch Herrn ____________ in Mathe?

○ Ja, der ist echt ____________.

● Und hast du in Englisch ____________?

○ Nein, ich ____________.

● Oh, die Pause ist zu Ende. Sehen wir uns morgen wieder?

○ ____________.

● Okay, tschüss!

○ ____________!

Schreiben

6 Ordne zu und schreib dann Aufforderungen im Imperativ.

zeigen	uns ein Eis in der Eisdiele
schreiben	für die Deutsch-Prüfung
erklären	abends nicht so lange im Internet
gehen	bitte eine E-Mail
kaufen	Anne bitte die Cafeteria
lernen	Yannis bitte die Hausaufgabe
surfen	bitte einen Taschenrechner
holen	nicht alleine ins Kino

Surf abends nicht so lange im Internet!

Sprechen

Fit

7 Aufforderungen. Übt zu zweit: Zieht eine Karte, formuliert eine Bitte / Aufforderung wie im Beispiel. Reagiert.

- ● Bring mir bitte einen Kugelschreiber!
- ○ Hier, ein Kugelschreiber.

- ● Kauf bitte einen Kugelschreiber!
- ○ Gerne.

- ● Schreib bitte einen Brief!
- ○ Okay.

Landeskunde

Theater, Sprachen, Sport und mehr – die Schul-AG

In vielen Schulen gibt es nicht nur Schulfächer wie Mathematik, Deutsch oder Biologie auf dem Stundenplan: Am Nachmittag haben die Schüler und Schülerinnen Schul-AGs. Eine AG (= die Arbeitsgemeinschaft) ist ein Extrakurs. Man wählt zwischen Theater, Sprachen, Sport und mehr: Der Musiklehrer bietet oft eine Chor- oder Orchester-AG an. Fast jede Schule hat eine Zeitung. Die entsteht in der Schülerzeitungs-AG. Einige AGs finden außerhalb der Schule statt: Die Astronomie-AG im Planetarium oder die Garten-AG im Schulgarten.

AGs sind interessant und machen viel Spaß.

Michael erzählt im Radiointerview von seiner AG:

Die Band heißt Spider Boys. Wir sind fünf Jungs, alle so zwischen ________ und ________ Jahre alt.

Ich spiele Gitarre. Dann gibt es in der Gruppe eine Bass-________________________, Schlagzeug, ________________ und Saxophon.

Wir gehen alle in dieselbe Schule. Am ______________________ gibt es eine so genannte Musik-AG.

Schon beim ersten ________________ war klar: Wir gründen eine Band.

Am Ende des Schuljahres wollen wir ________________ unser erstes Konzert geben.

Wichtig ist: Wir spielen ________________ und haben viel ________________________.

Hören ▶ 66

8 Hör zu und ergänze den Text.

Sprechen

9 Stellt ein Konzept für eure Schulband vor:

Wie heißt die Schulband? Wer spielt Instrumente und wer singt? In welcher Sprache singt ihr? Wo und wann ist der Treffpunkt für die Schulband? Was braucht ihr noch?

Lektion 7

Was isst du gern?

A Frühstück international

A Müsli mit Milch, ein Brötchen mit Butter und Marmelade, eine Tasse Kaffee, ein Glas Orangensaft

B Brot mit Schinken und Käse, ein Ei, zwei Tassen Kaffee

C eine Tasse Kakao, ein Brötchen mit Honig, ein Joghurt

D eine Tasse Milchkaffee oder ein Espresso, ein Croissant

E eine Tasse Milchkaffee, 4–5 Kekse

F Cornflakes mit Milch, zwei Toasts mit Butter und Marmelade, eine Tasse Tee

Florian Baumann, 12
Schüler, Hamburg

Paola Mauri, 12
Schülerin, Como

Diana Richardson, 25
Verkäuferin, Edinburgh

Claude Tissot, 34
Lehrer, Cannes

Werner Scherwitzl, 38
Angestellter, Graz

Eva Sprüngli, 28
PR-Assistentin, Zürich

Hören ▶ 67

1 Was essen und trinken die Personen zum Frühstück? Hör zu und ordne zu.

	Florian	Paola	Diana	Claude	Werner	Eva
Text						
Bild						

Sprechen

2 Fragt und antwortet.

a ● Was isst Florian zum Frühstück?
○ Er isst ein Brötchen mit Honig und einen Joghurt.

b ● Wer trinkt eine Tasse Tee zum Frühstück?
○ Diana Richardson trinkt eine Tasse Tee zum Frühstück.

Verben im Präsens
essen
du **isst**
er, es, sie **isst**

Wortschatz

3 Was isst und trinkst du zum Frühstück? Ergänze und berichte.

Ich esse …
Ich trinke …

einen	ein	eine	–

Lesen

Fit

4 Richtig (R) oder falsch (F)? Lies und kreuze an.

Frühstück mit guten Noten

Professor Klaus Winkler, Dozent für Ernährungswissenschaft an der Freien Universität Berlin, sagt zum Thema „Frühstück“:
Wir alle brauchen eine gesunde Ernährung. Das Frühstück ist eine sehr wichtige Mahlzeit, besonders für Schulkinder! Eine Tasse Kakao oder Tee zum Frühstück ist nicht genug. Oft geben die Eltern ihren Kindern etwas Geld für die Mensa in der Schule. Ihre Kinder kaufen aber Schokolade, Kekse, Chips … Das ist kein gesundes Frühstück! Liebe Eltern, machen Sie für Ihre Kinder lieber ein gutes, reichhaltiges Frühstück! Mein Tipp: Milch, Kakao, Obstsäfte, Schwarzbrot mit Käse, Wurst, Marmelade oder Honig, dazu Joghurt. Und: Frühstücken Sie zusammen mit ihren Kindern und beginnen Sie gemeinsam den Tag!

	R	F
1. Es ist nicht wichtig, dass man frühstückt.	☐	☐
2. Nur etwas zu trinken, ist zu wenig.	☐	☐
3. Kinder kaufen sich oft etwas Süßes.	☐	☐
4. Herr Winkler sagt, Eltern brauchen ein reichhaltiges Frühstück.	☐	☐
5. Eltern und Kinder frühstücken zusammen. Das ist gut!	☐	☐

B Guten Appetit!

die K__rtoffeln

das Fl__sch

der S__lat

das Br__t

die M__lch

das __bst

der F__sch

der R__s

die N__deln

die W__rst

das Gem__se

die B__tter

der K__se

das W__sser

die __er

Hören ▶ 68

5 Hör zu und sprich nach. Ergänze die Vokale.

[a • a • a • ei • ei • ei • i • i • o • o • u • u • u • ü • ä]

Wortschatz

6 Schaue dir das Bild eine Minute lang an und merke dir die Lebensmittel. Mach dann das Buch zu. Nenne so viele Dinge wie möglich.

Sprechen

7 Wie heißt das auf Deutsch?

Wie heißt … auf Deutsch?
Käse, der Käse.

Sprechen

8 Fragt und antwortet wie im Beispiel.

a ● Magst du Käse? ○ Ja, ich mag Käse.
○ Nein, ich mag keinen Käse.

b ● Isst du gern Obst? ○ Ja, ich esse sehr gern Obst.
○ Nein, ich esse nicht so gern Obst.

Hören ▶ 69

Fit

9 Interviews: Was essen die Leute zu Mittag? Hör zu und kreuze an.

Zu Mittag ...	Martin Fischer	Timo Weigel	Susanne Kirsch
... esse ich gern Spaghetti mit Fleischsoße.			
... esse ich gern Obst.			
... esse ich Fleisch mit Kartoffeln oder Salat.			
... esse ich einen Salat.			
... trinke ich Mineralwasser.			

Sprechen

10 Was ist dein Lieblingsessen? Präsentiere die Ergebnisse der Klassenumfrage der 7b.

Lieblingsessen	Wie viele Schüler?
Hamburger	III
Fleisch	II
Fisch	I
Gemüse	I
Nudeln	卌
Pommes	IIII
Pizza	卌
Salat	III
Obst	II

Ich esse gern Gemüse.

Ich mag Hamburger mit Pommes.

Ich mag Spaghetti.

Ich mag Nudeln und Pizza.

Ich esse gern Fleisch und Wurst.

● Fünf Schüler sagen, Pizza ist ihr Lieblingsessen. ○ Vier essen gern ...

Verben im Präsens
mögen
ich m**ag**

C Im Fastfoodrestaurant

Trink einen Apfelsaft! Der ist lecker!
Nimm eine Pizza, die ist gut hier. Ich nehme auch eine. Oder iss einen Cheeseburger!
Mensch, entscheide dich einfach. Das ist doch nicht so schwierig.
Nichts, Danke. Ich habe keinen Durst!
Ich auch. Was nimmst du?

Speisen		**Getränke**	
Hamburger	€ 2,70	Cola, Fanta, Sprite klein	€ 2,20
Cheeseburger	€ 3,20	Cola, Fanta, Sprite groß	€ 3,00
Pizza	€ 5,50	Apfelsaft, Orangensaft	€ 2,30
Döner	€ 3,50	Apfelsaftschorle	€ 2,80
Bratwurst	€ 2,70	Mineralwasser	€ 2,60
Portion Pommes	€ 1,90	stilles Wasser	€ 2,60
Eisbecher	€ 1,50	Bier	€ 2,30
Kuchen	€ 1,40	Tasse Kaffee	€ 1,50

Lesen

11 Was sagt Markus? Lies die Sprechblasen und ergänze den Dialog.

Oliver: Mensch, ich habe einen Hunger …

Markus: ______________________________

Oliver: Ich weiß nicht. Vielleicht einen Hamburger oder einen Döner.

Markus: ______________________________

Oliver: Okay. Ich nehme auch eine Pizza. Und ein Getränk, aber was?

Markus: ______________________________

Oliver: Saft ist gut, aber Apfel oder Orange?

Markus: ______________________________

Oliver: Ja, ja. Ich nehme eine Pizza und einen Orangensaft. Und was möchtest du trinken?

Markus: ______________________________

Oliver (zur Verkäuferin): Also, wir nehmen zwei Pizzas und einen Orangensaft, bitte.

Imperativ
nehmen
~~du~~ nimm~~st~~
Nimm!

Lesen

12 Lies den Dialog und beantworte die Fragen.

Was isst Oliver?
Was trinkt Markus?
Was bestellt Oliver am Ende?

Sprechen

13 Fragt und antwortet wie im Beispiel.

a ● Was nimmst du?
○ Ich nehme eine Bratwurst.

b ● Was möchtest du trinken?
○ Ich möchte ein Mineralwasser trinken.

c ● Was kostet ein Cheeseburger?
○ Er kostet 3,20 Euro.

Sprechen

14 Pizza oder Toast? Fragt und antwortet.

● Ich möchte etwas essen. Aber was, eine Pizza oder einen Hamburger?
○ Iss / nimm einen Hamburger, der ist echt gut hier.

● Ich möchte etwas trinken. Aber was, Cola oder Fanta?
○ Trink eine Cola, die ist lecker!

Übt weiter mit:
Pizza oder Bratwurst – Bratwurst / die kostet nur 2,70 €
Kuchen oder Eisbecher – Eisbecher / der ist echt groß
Kaffee oder Mineralwasser – Mineralwasser / das ist gesund
Pommes oder Cheeseburger – Pommes / die kosten nur 1,90 €

Modalverb *möchte* + Infinitiv
Ich möchte ... trinken.

[Phonetik]

a Hör zu und achte auf das *r*. ◘ 70
b Hör zu und sprich nach. ◘ 71
c Was möchtest du essen / trinken? Frag deinen Partner / deine Partnerin wie im Beispiel und verwende Wörter aus der Liste.

[Mineralwasser • Bratwurst • Brot • Brötchen • Reis • Croissant]

● Möchtest du einen Orangensaft?
○ Ja, gerne! / Nein, danke.

Landeskunde

Eine Wurst im Brötchen, bitte!

In Deutschland gibt es 1.500 Wurstsorten – aber auch 1,5 Millionen Vegetarier. Fast jede Region oder Stadt in Deutschland hat ihre eigene Wurst. Aus Thüringen kommt die Thüringer Rostbratwurst. Sehr bekannt sind die bayrische Weißwurst oder die kleinen Nürnberger Bratwürstchen. Auch die Currywurst kommt aus Deutschland. Die Berlinerin Hertha Heuwer verkauft sie 1949 zum ersten Mal an ihrem Imbiss. Die Currywurst isst man in Scheiben geschnitten und mit einer Sauce aus Ketchup und Curry.

Zur Wurst essen die Deutschen oft Brot. Weißt du, dass die Deutschen Weltmeister im Brotbacken sind? In keinem anderen Land gibt es so viele Brotsorten wie hier: Es sind zirka 300! Also fast für jeden Tag im Jahr eine andere Brotsorte.

Am liebsten essen die Menschen in Deutschland zum Frühstück oder Abendessen Mischbrote, Sauerteigbrot oder Vollkornbrot. Aber auch Brötchen sind sehr beliebt: zum Frühstück am Sonntag oder als Pausenbrot mit Wurst oder Käse. Brötchen gibt es überall in Deutschland. Es hat aber verschiedene Namen: In Berlin heißt es Schrippe, in Bayern sagt man Semmel, in Norddeutschland isst man ein Rundstück und von Stuttgart bis an den Bodensee kauft man in der Bäckerei ein Weck(le).

15 Beantworte die Fragen.

1. Aus welcher Stadt / Region kommt diese Wurst? Schaut auf die Deutschlandkarte.

   die Thüringer Rostbratwurst: *Sie kommt aus Ostdeutschland.*

   die Berliner Currywurst: ______________________

   die bayrische Weißwurst: ______________________

   die Nürnberger Bratwürstchen: ______________________

2. Seht euch die Fotos an. Was isst man zusammen mit der Wurst?

   ____

3. Ergänze die verschiedenen Dialekt-Wörter für Brötchen:

   __mm__, Schr______, We______, R______st______

Grammatik auf einen Blick

Verben im Präsens (5)

Florian isst zum Frühstück ein Brötchen.
Was nimmst du? Ich nehme eine Pizza.
Ich mag Käse, und du?

	essen	nehmen	mögen
ich	esse	nehme	**mag**
du	**i**sst	n**i**mmst	**magst**
er, es, sie	**i**sst	n**i**mmt	**mag**
wir	essen	nehmen	mögen
ihr	esst	nehmt	mögt
sie, Sie	essen	nehmen	mögen

Wo ändert sich der Vokal? Erinnerst du dich?

Bei einigen Verben mit *e* ändert sich bei ________ und ________ der Vokal: *e* → *i*/*ie*
Bei mögen musst du dir den Singular besonders merken!

Einen Wunsch ausdrücken: *„möchte"*

Was möchtest du trinken? Ich möchte ein Mineralwasser trinken.
Ich habe Hunger. Ich möchte etwas essen.

ich	möchte
du	möchtest
er, es, sie	möchte
wir	möchten
ihr	möchtet
sie, Sie	möchten

Welche Formen sind gleich?

„möchte" ist ein Modalverb.
Im Satz steht *„möchte"* + Infinitiv.
Die Formen bei ________ und ________ sind gleich.

Negation: *kein, nicht*

Isst du zum Frühstück **ein** Ei. Nein, ich esse **kein** Ei.
Magst du Käse? Nein ich mag **keinen** Käse.
Isst du gern Obst? Nein, ich esse **nicht** gern Obst.

kein steht immer vor einem Nomen.
Mit *nicht* verneinst du den Satz.

Deklination: Nominativ und Akkusativ (3)

Eine Pizza oder einen Hamburger?
Nimm einen Hamburger, der ist hier gut.

	maskulin	neutral	feminin	Plural
Nominativ	der ein	das ein	die eine	die –
Akkusativ	**den** **einen**	das ein	die eine	die –

Welche Formen musst du dir besonders merken? Erinnerst du dich?

Nur ________ haben die Artikel andere Formen wie im Nominativ.
der → ________
ein → ________

Imperativ (2)

Trink einen Apfelsaft!
Iss einen Cheeseburger!
Nimm eine Pizza!

Infinitiv	Imperativ Singular
trinken	Trink!
essen	Iss!
nehmen	Nimm!

Bei den unregelmäßigen Verben mit *e* im Verbstamm ändert sich auch im Imperativ Singular der Vokal: *e* → *i*/*ie*

Infinitiv: nehmen
~~du~~ nimm~~st~~ →
Imperativ: Nimm!

Wortschatz: Das ist neu!

das Frühstück (Singular)
Was isst du zum Frühstück?

frühstücken

das Lebensmittel, -

das Brot, -e

das Brötchen, -

die Butter (Singular)

die Cornflakes (Plural)

das Croissant, -s

das Ei, -er

der Honig (Singular)

der Joghurt, -

der Käse, -

der Keks, -e

die Marmelade, -n

das Müsli, -

der Schinken, -

der Toast, -s

die Wurst, ¨-e

das Getränk, -e

der Apfelsaft, ¨-e

der Kaffee, -s

der Kakao (Singular)

die Milch (Singular)

das Mineralwasser, ¨

der Saft, ¨-e

der Orangensaft, ¨-e

der Tee, -s

das Wasser (Singular)

das Glas, ¨-er
ein Glas Wasser, Saft …

die Tasse, -n
eine Tasse Kaffee, Tee …

trinken

nichts
Ich trinke nichts.

der Durst (Singular)
Ich habe Durst / keinen Durst.

bestellen

nehmen (er nimmt)
Was nimmst du?

sich entscheiden (er entscheidet sich)

etwas
Ich möchte etwas trinken.

die Bratwurst, ¨-e

der Hamburger, -

die Pizza, -s

die Pommes (Plural)

der Hunger (Singular)
Ich habe Hunger / keinen Hunger.

die Ernährung (Singular)

gesund

Guten Appetit!

das Lieblingsessen, -
Was ist dein Lieblingsessen?

mögen (er mag)
Ich mag Käse / Kartoffeln.

groß

vielleicht

wichtig

der Fisch, -e

das Fleisch (Singular)

die Fleischsoße, -n

das Gemüse, -

die Kartoffel, -n

der Kuchen, -

die Nudel, -n

das Obst (Singular)

der Reis (Singular)

der Salat, -e

die Schokolade, -n

die Spaghetti (Plural)

Tagesabläufe

A Wie viel Uhr ist es? Wie spät ist es?

sieben Uhr

zehn nach sieben

Viertel nach sieben

fünf vor halb acht

halb acht

zehn nach halb acht

Viertel vor acht

fünf vor acht

Hören 72

1 Hör zu und sprich nach.

Sprechen

2 Fragt und antwortet.

- ● Wie spät ist es?
- ○ Es ist halb vier.

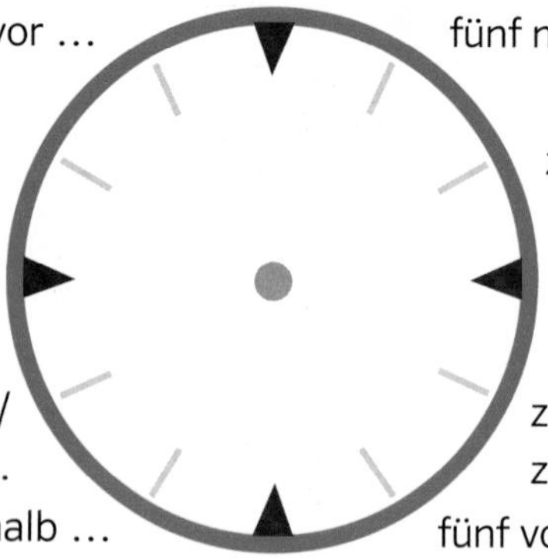

Bildet weitere Dialoge:

14.30 9.25 17.15 11.50 10.05 16.35 11.00 20.45

AB 1–4

Grammatik auf einen Blick

Verben im Präsens (6)

Wann fährst du zur Schule?
Um 8.10 Uhr schläft Herr Blum.
Oliver steht jeden Tag um 7 Uhr auf.
Der Unterricht fängt um 8.05 Uhr an.

	fahren	**schlafen**	**aufstehen**	**anfangen**
ich	fahre	schlafe	stehe … auf	fange … an
du	f**ä**hrst	schl**ä**fst	stehst … auf	f**ä**ngst … an
er, es, sie	f**ä**hrt	schl**ä**ft	steht … auf	f**ä**ngt … an
wir	fahren	schlafen	stehen … auf	fangen … an
ihr	fahrt	schlaft	steht … auf	fangt … an
sie, Sie	fahren	schlafen	stehen … auf	fangen … an

Wie viele Teile haben Verben wie anfangen, aufstehen, *…?*

Trennbare Verben

Infinitiv: auf/stehen, an/fangen, zurück/kommen, an/rufen, auf/stehen

	konjugiertes Verb (Teil 1)		**Vorsilbe (Teil 2)**
Oliver	**steht**	um 7 Uhr	**auf.**
Der Unterricht	**fängt**	um 8.05 Uhr	**an.**
Herr Fuchs	**kommt**	nach Hause	**zurück.**
Oliver	**ruft**	Markus	**an.**

Satzklammer

Trennbare Verben haben ______ Teile. Im Infinitiv stehen sie zusammen, im Satz werden sie oft getrennt.

Temporalangaben mit *um* und *am*

Am Sonntag fährt Oliver nach München.
Am Nachmittag lerne ich für die Schule.
Was machst du um 15 Uhr?
Um 18.30 Uhr geht Frau Blum ins Fitnessstudio.

um	**am (an dem)**
Uhrzeit: um 18.30 Uhr	Wochentage: am Montag, am Freitag, … Tageszeit: am Nachmittag, am Morgen, …

Präteritum: *sein* und *haben* (1)

Gestern war ich in der Sprachschule. Ich hatte viel Spaß.
Frau Blum war gestern im Büro. Sie hatte keine Arbeit.

	sein	**haben**
ich	war	hatte
du	warst	hattest
er, es, sie	war	hatte

Wortschatz: Das ist neu!

der Vormittag, -e
der Morgen, -
der Abend, -e
die Nacht, ⸚e
die Uhr, -en
Wie viel Uhr ist es?
um *Um wie viel Uhr stehst du auf?*
von wann bis wann?
die Stunde, -n
dann *Dann gehe ich nach Hause.*
spät
zuerst
gestern

der Tagesablauf, ⸚e
ablaufen (er läuft ab) *Wie läuft dein Tag ab?*
jeder, jedes, jede *Oliver steht jeden Tag um 7 Uhr auf.*
aufstehen (er steht auf)
anfangen (er fängt an) *Um wie viel Uhr fängt der Unterricht an?*
ankommen (er kommt an) *Ich komme um 14 Uhr zu Hause an.*
anrufen (er ruft an) *Ich rufe meinen Freund Karl an.*
sich ausruhen (er ruht sich aus) *Nach der Schule ruhe ich mich aus.*
einkaufen (er kauft ein)
fahren (er fährt)
der Bus, -se *Oliver fährt mit dem Bus zur Schule.*
zurückfahren (er fährt zurück) *Ich fahre nach Hause zurück.*
zurückkommen (er kommt zurück) *Wann kommst du von der Schule zurück?*

immer
oft
ab und zu
selten
nie

die Arbeit (Singular)
der Chef, -s
die PR-Assistentin, -nen
der Musiker, - *Herr Fuchs ist Musiker.*
die Trompete, -n *Herr Fuchs spielt Trompete.*

das Bad, ⸚er
die Küche, -n
das Bett, -en *Wann gehst du ins Bett?*
schlafen (er schläft) *Wann gehst du schlafen?*

das Büro, -s *Frau Blum geht ins Büro.*
das Fitnessstudio, -s
der Jazz-Keller, - *Herr Fuchs geht in den Jazz-Keller.*

dort
fast
Schade! *Wirklich schade!*
traurig
nach Hause *Um 15.30 Uhr geht Herr Fuchs nach Hause.*
zu Hause *Um 16 Uhr ist Herr Fuchs zu Hause.*

Zwischenstation 4

Essen und Trinken

„Ich finde Fastfoodrestaurants primitiv! Wie vor ein paar tausend Jahren isst man dort mit den Fingern! Dazu noch schnell und ungesund. Und die Getränke haben viel zu viel Zucker!“

Herr Weber

„Ich finde, Mc Burg ist für Touristen sehr praktisch. Die Speisen sind überall gleich, egal ob in New York, London, Rom oder Tokio. So gibt es keine bösen Überraschungen beim Essen!“

Frau Kuhn

„Nach der Schule gehe ich manchmal zu Mc Burg. Meine Mutter sagt aber, das Essen ist nicht so gesund, zu viel Fett … Kann sein, aber Hamburger und Pommes mag ich sehr!“

Samuel

„Mc Burg, ich mag dich einfach! Ich gehe gern und oft zu Mc Burg. Ich mag Hamburger in allen Variationen: Mit Käse, Fisch oder doppeltem Fleisch. Und ich finde die Preise okay.“

Martin

„Eigentlich bin ich Vegetarierin. Aber ab und zu gehe ich trotzdem mit meinen Freunden zu Mc Burg. Ja, denn Mc Burg bedeutet nicht nur Hamburger und Pommes. Es gibt auch vitaminreiche, frische, gesunde Salate. Und leckere Kuchen als Dessert.“

Heike

Lesen

1 Was sagen die Personen zum Thema Fastfoodrestaurants. Wer ist dafür (+)? Wer ist dagegen (–)? Notiere die Namen.

dafür				
dagegen				

Sprechen

2 Bildet zwei Gruppen: (+) für und (–) gegen Fastfoodrestaurants. Verteilt Rollen aus Aufgabe 1 und spielt dann die Fernseh-Diskussion „Gesunde Ernährung bei Mc Burg?“

Ich finde, Fastfoodrestaurants sind für Touristen praktisch!

Ich finde Fastfoodrestaurants primitiv!

Sprechen

3 Aufforderungen. Übt zu zweit: Zieht eine Karte, formuliert eine Bitte / Aufforderung wie in einem der Beispiele. Reagiert.

- ● Gib mir bitte einen Apfel!
- ○ Hier, ein Apfel.

- ● Iss mehr Obst!
- ○ Okay, ich esse einen Apfel.

- ● Kauf bitte Obst ein!
- ○ Gut, ich kaufe jetzt Obst ein.

Hören ▶ 78

4 Ein Gespräch am Telefon. Was ist richtig? Hör zu und kreuze an.

1. Der Anruf ist für …
   - ☐ Sonja ☐ Silke ☐ Sabine
2. Das Buffet ist für …
   - ☐ einen Discoabend ☐ ein Schulfest ☐ einen Elternabend
3. Das Mädchen macht für das Buffet …
   - ☐ einen Nudelsalat ☐ Spaghetti ☐ Pizza
4. In der Schule soll sie um … sein.
   - ☐ 19 Uhr ☐ 18 Uhr ☐ 16 Uhr

Schreiben

5 Lies den Text zum Thema „Was wir essen und trinken". Schreib dann selbst einen Beitrag an die Zeitschrift.

Was ich esse und trinke? Ich esse gern Fleisch und Wurst, auch zum Frühstück: Schinken und Salami. Dazu trinke ich Tee oder Kakao. Zum Mittagessen esse ich ab und zu einen Hamburger und trinke eine Cola im Fastfoodrestaurant. Zu Hause gibt es oft ein Schnitzel mit Gemüse und Kartoffeln. Oft trinke ich dazu Mineralwasser oder Apfelsaft. Am Abend esse ich nicht viel: nur einen Joghurt oder ein bisschen Obst. Zum Abendessen trinke ich einen Tee, wie zum Frühstück. Im Sommer manchmal auch Apfel- oder Orangensaft.

Zum Frühstück ______________________

______________________ . Dazu ______________

ich ______________________

____

Zum Mittagessen ______________________

und trinke ______________________

Am Abend ______________________

____

Die Antwort auf Fastfood

Slow Food ist eine Non-Profit-Organisation mit Gruppen in der ganzen Welt. Ihr Ziel ist eine Lebensmittelproduktion, die gut, sauber und fair ist. Sie möchte die Kultur des Essens und Trinkens lebendig halten. Slow Food steht für bewusstes Essen – mit Genuss und viel Zeit. Darum ist das Logo eine Schnecke. Slow Food wurde 1986 in Italien gegründet und gibt es in Deutschland seit 1992.

Mach mit!

Du hast das schlechte Essen in der Schulmensa satt?
Du möchtest kein Fastfood mehr essen?
Hast du Spaß am gemeinsamen Kochen und Essen?

Dann mach mit bei Slow Food Youth Deutschland. Unsere Gruppe mag die Kultur des Essens und Trinkens und unterstützt regionale Lebensmittel. Wir treffen uns im Internet und bei Kochveranstaltungen in der Stadt. Wir protestieren gegen die Verschwendung von Lebensmitteln: Viel Gemüse, Fleisch und Brot kommt in den Müll, wenn der Supermarkt nicht alles verkauft. Wir holen Gemüse beim Bauern. Das kochen wir bei Schnippeldiskos oder Eat-Ins mitten in der Stadt.

SLOW FOOD YOUTH Deutschland

Möchtest du uns kennen lernen?
Dann schreib uns oder besuche uns auf Facebook.
✉ : youth@slowfood.de

6 Lies die Anzeige aus der Zeitung. Was ist richtig? Kreuze an.

1. Slow Food Youth Deutschland möchte
   - ☐ mehr Fastfood in der Schulmensa.
   - ☐ gegen schlechtes Essen protestieren.
   - ☐ zu Hause mit Freunden kochen.
2. Bei Slow Food Youth Deutschland
   - ☐ kochen die Jugendlichen zusammen.
   - ☐ macht man einen Internetkurs.
   - ☐ kauft man im Supermarkt gemeinsam ein.
3. Du möchtest mitmachen? Dann
   - ☐ schreib einen Brief!
   - ☐ besuch die Gruppe in der Stadt!
   - ☐ schreib eine E-Mail oder eine Nachricht auf Facebook.

Lektion 9

Sport, Sport, Sport

A Kannst du schwimmen?

Ich finde Sport echt toll! Ich kann sehr gut Handball spielen und schwimmen. Handball spiele ich sogar in einer Mannschaft. Wir trainieren zweimal die Woche und das macht wirklich viel Spaß! Einmal die Woche gehe ich ins Sportzentrum, dort gibt es auch ein Schwimmbad! Zum Surfen braucht man ein Surfbrett und zum Reiten ein Pferd, das finde ich nicht so toll.
Ich mag Sport, aber ich spiele auch gern Computerspiele. Sehr gut kann ich schwimmen. Rad fahren finde ich auch interessant und ich bin Fußballfan. Handball kann ich nicht so gut, aber ich möchte es lernen. Tennis mag ich nicht so gern. Die Sportart finde ich langweilig.

Lesen

1 Wie findest du Sport? Lies und ergänze die Tabelle.

	Oliver	Markus
… kann gut:	*Handball spielen*	
… kann nicht so gut:		
… findet positiv:		
… findet eher negativ:		

Sprechen

2 Fragen an Oliver und Markus. Was antworten sie? Übt zu zweit.

● Markus, kannst du schwimmen?
○ Ja, ich kann sehr gut schwimmen.

● Markus, wie findest du Rad fahren?
○ …

● Oliver, wie findest du Handball?
○ Ich finde Handball gut.

● Oliver, …?
○ Nein, …

Sprechen

3 Fragt und antwortet wie im Beispiel.

● Kannst du Ski fahren?

○ Ja, ich kann sehr gut Ski fahren.

○ Nein, Ski fahren kann ich nicht, aber ich will es lernen.

Ebenso mit:

Ski fahren

inlineskaten

reiten

Tennis spielen

Fußball spielen

schwimmen

Rad fahren

Hören ▶ 79

4 Hör zu und kreuze an.

1. Was möchte Oliver machen?
   - ☐ Rad fahren
   - ☐ ins Sportzentrum gehen
   - ☐ in die Turnhalle gehen

2. Welche Sportart nennt Oliver nicht?
   - ☐ Volleyball
   - ☐ Schwimmen
   - ☐ Fußball

3. Wie findet Markus die Idee von Oliver?
   - ☐ gut
   - ☐ nicht so gut
   - ☐ schlecht

Wortschatz

5 Was passt zusammen? Verbinde.

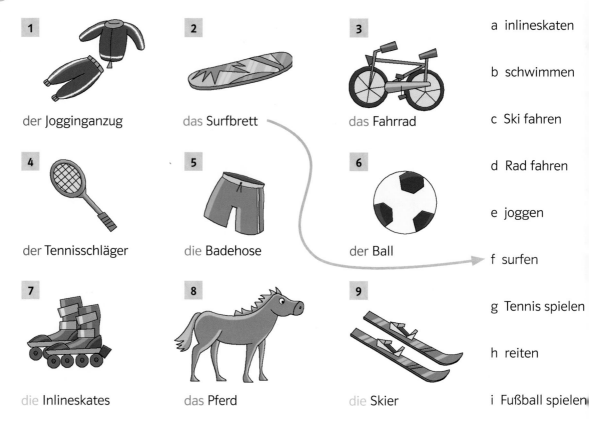

1 
der Jogginganzug

2 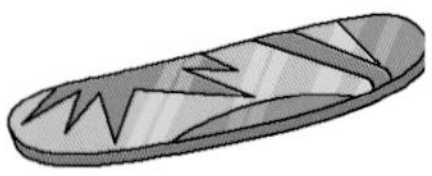
das Surfbrett

3 
das Fahrrad

4 
der Tennisschläger

5 
die Badehose

6 
der Ball

7 
die Inlineskates

8 
das Pferd

9 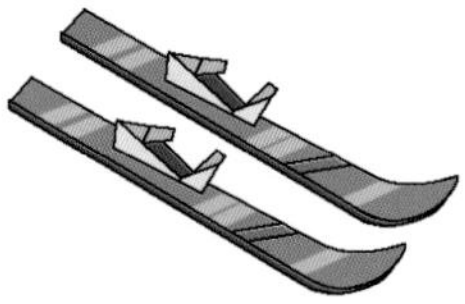
die Skier

a inlineskaten
b schwimmen
c Ski fahren
d Rad fahren
e joggen
f surfen
g Tennis spielen
h reiten
i Fußball spielen

Grammatik

6 Was brauchst du zum ...? Ergänze.

			einen	ein	eine	–
Zum	Radfahren	brauche ich		Fahrrad		
	Surfen					
	Tennisspielen					
	Reiten					
	Joggen					
	Inlineskaten					
	Skifahren					
	Schwimmen					
	Fußballspielen					

Sprechen

7 Minidialoge. Fragt und antwortet wie im Beispiel.

- ● Ich will Rad fahren.
- ○ Dann brauchst du ein Fahrrad.

B Was kann man im Fitnessstudio machen?

Yoga ist ein idealer Weg, beweglich zu bleiben. Verbessern Sie Ihre Haltung und Ihren Geist! Jeden Montag Anfängerkurs!
YOGACLUB
Fürther Str. 12, Tel. 6178113
www.yogaclub.de

TENNISCLUB
Matchpoint
4 Tennisplätze
Nur die besten Tennislehrer für Sie!
Gartenstr. 78, www.tennisclub.de

Volleyball, Basketball, Handball und viel mehr!
Turnhalle
OASE
Bahnhofstr. 8, www.turnhalle-oase.de

Schwimmen, Sauna, relaxen und entspannen.
Schwimmbad
Die Palme
Täglich von 10 bis 22 Uhr.
Marienstr. 21
Tel. 7654819, www.diepalme.de

Wollen Sie fit bleiben?
Fitnessstudio
TOPFORM
macht's möglich!
Gymnastik für jung und alt.
Bucherstr. 32, Tel. 8261770
www.topform.de

Klinik EDEN
Krankengymnastik und Muskeltherapie.
Bayernstr. 116, Tel. 6119023
Alle Krankenkassen!
www.edenklinik.de

Sprechen

8 Fragt und antwortet wie im Beispiel.

- ● Was kann man im Tennisclub Matchpoint machen?
- ○ Im Tennisclub Matchpoint kann man Tennis spielen.

- ● Wo kann man Krankengymnastik machen?
- ○ In der Klinik Eden kann man Krankengymnastik machen.

Wo? ●
Im Tennisclub

Hören 80

9 Sind Sie sportlich? Hör zu und notiere die Informationen in der Tabelle.

		Wohin?	Was?	Wie oft?
Herr Fuchs				
Frau Weber				
Franziska				
Achim				

Lesen

10 Was kann man im Badeparadies *Die Palme* machen? Kreuze an.

Badeparadies *Die Palme*

eine Oase für jung und alt

Im Badeparadies *Die Palme* in Nürnberg ist das Wetter kein Problem!

Im Hallenbad gibt es ein 50-m-Becken für Schwimmer und ein 25-m-Becken für Nichtschwimmer. Für die Kleinen gibt es ein Spaßbecken: Hier spielen kleine Kinder und haben großen Spaß dabei.
Die absolute Hauptattraktion für Kinder und Jugendliche ist aber eine 80 Meter lange Rutsche: Die Jungen und Mädchen rutschen stundenlang und die Eltern können eine Pause im Solarium machen oder in die Sauna gehen.
Im Freien gibt es ein warmes Außenbecken (Wassertemperatur 34 Grad!). Dort ist auch eine große Liegewiese mit Spielplatz und Beachvolleyball-Anlage. Im Sommer ist das ein attraktiver Treffpunkt für alle.
Eine Halle mit zwei Kegelbahnen, sechs Tischtennisplätzen sowie einigen Dartscheiben machen den Freizeitspaß perfekt!
Im Badeparadies *Die Palme* befinden sich auch ein Restaurant in der 2. Etage mit Terrasse sowie eine Snack-Bar für den kleinen Hunger.
Schwimmkurse für Kinder und Erwachsene stehen auch auf dem gut organisierten Badeparadies-Programm. Viele Schulen organisieren ihren Schwimmunterricht hier und schicken ihre Schülerinnen und Schüler ins Badeparadies *Die Palme*.

Man kann	ja	nein
1. bei schlechtem Wetter schwimmen.	☐	☐
2. im Wasser spielen und Spaß haben.	☐	☐
3. in der Sonne liegen und braun werden.	☐	☐
4. Fußball spielen.	☐	☐
5. Tennis spielen.	☐	☐
6. im Freien Darts spielen.	☐	☐
7. essen und trinken.	☐	☐
8. Schwimmkurse besuchen.	☐	☐

Sprechen

11 Fragt und antwortet.

- ● Kann man im Badeparadies *Die Palme* essen?
- ○ Ja, dort kann man auch essen.

AB 7–9

C Gehen wir Fußball spielen?

Hören ▶ 81

12 Was sagen Markus und Oliver? Hör zu und kreuze an.

1. Gehen wir ☐ Handball ☐ Fußball spielen?
2. ☐ Jetzt? ☐ Heute?
3. Tut mir leid, ich ☐ möchte nicht ☐ kann nicht.
4. Ich muss ☐ lernen ☐ zum Schwimmkurs.

Sprechen

13 Fragt und antwortet wie im Beispiel.

● Gehen wir in den Park?
○ Tut mir leid, ich kann nicht. Ich muss zu Hause bleiben.

Tennis spielen gehen – Oma besuchen
joggen gehen – mit meiner Mutter einkaufen gehen
in die Turnhalle gehen – in die Musikschule gehen
ins Stadion gehen – Hausaufgaben machen
Fahrradtour machen – zu Tante Olga fahren

Modalverben im Satz

	Modalverb		Infinitiv
Er	**muss**	Hausaufgaben	**machen**.

Sprechen

14 Wohin? Ordne zu und bilde dann Minidialoge.

1. joggen — b
2. Tennis spielen
3. Gymnastik machen
4. schwimmen
5. reiten
6. Ski fahren
7. Volleyball spielen

a ins Schwimmbad
b in den Park
c in die Turnhalle
d ins Fitnessstudio
e ins Gebirge
f in die Reitschule
g in den Tennisclub

Wohin? →
In den Tennisclub

● Ich will joggen.
○ Dann musst du in den Park gehen.

Schreiben

15 Interview mit einem Sportler. Schreib die Antworten von Christian auf. Die Notizen helfen dir.

Christian, treibst du viel Sport?
Was kannst du sehr gut?
Was kannst du nicht?
Was ist dein Lieblingssport?
Spielst du in einer Mannschaft?
Willst du Profisportler werden?
Musst du jeden Tag trainieren?
Was musst du sonst noch machen?

sehr gut: Tennis
nicht gut: Fußball
Lieblingssport: Handball
Mannschaft: ja
Profisportler: vielleicht
Training: jeden Tag
+ Krafttraining, joggen

Ja, ich treibe viel Sport. ______________________________

____

Sprechen

16 Benutze deine Antworten und berichte im Plenum.

Sprechen

17 **Jugendliche und ihre Lieblingssportarten. Was ist interessant?**
Schau dir die Statistik an, ergänze die Texte und diskutiere in der Klasse.

Die fünf Lieblingssportarten von Jugendlichen zwischen 11 und 15 Jahren

Jungen		Mädchen	
Fußball	66%	Schwimmen	36%
Basketball	30%	Rad fahren	26%
Rad fahren	25%	Tanzen	21%
Schwimmen	19%	Joggen	21%
Tischtennis	14%	Inlineskaten	16%

Quelle: WIAD 2003

Jungen und Mädchen fahren gern Rad. Das ist toll!

Fußball ist bei den Jungen auf Platz 1, das ist klar!

Volleyball ist nicht in der Statistik. Das finde ich seltsam!

Schwimmen ist bei den Mädchen auf Platz 1? Das finde ich interessant!

Bei Jungen ist Fußball sehr beliebt. _____ % der Jungen sagen, Fußball ist ihr Lieblingssport.

Auf Platz 2 und 3 sind bei den Jungen ____________________ und ______________. 19% der Jungen mögen ____________________ und 14% ______________.

Die Mädchen finden Fußball nicht interessant. Der Lieblingssport Nr. 1 bei den Mädchen ist ____________________. 26 % der Mädchen sagen, ihr Lieblingssport ist ____________________.

____________________ und ____________________ sind gleich beliebt. 16% der Mädchen finden ______________ gut.

Sprechen

18 **Fragt und antwortet in der Klasse.**

Bist du ein sportlicher Typ? Was ist deine Lieblingssportart?

Spielst du in einer Mannschaft?

Hast du eine Lieblingsmannschaft oder einen Lieblingssportler? Was weißt du über sie / ihn?

Wie oft hast du Sportunterricht in der Schule? Was macht ihr?

[Phonetik]

a Hör zu, lies mit und achte auf die Buchstaben *sch* und auf das *s*. ▶ 82
1. Schwimmen – Schwimmbad – Schweiz – Schläger – schlecht
2. Sport – Spaß – spielen – Stadion – Studio

b Hör zu und sprich nach. ▶ 83

c Notiere einen Satz mit vielen Wörtern, die mit dem *Sch*-Laut beginnen. Gib ihn deinem Partner / deiner Partnerin. Er / sie liest vor.

Landeskunde

Der Köln-Marathon

Ein Marathon ist immer genau 42,195 km lang. In Köln gibt es einmal im Jahr einen Marathon in drei verschiedenen Sportarten: Laufen, Inlineskaten oder Liege-Fahrradfahren. Das Ziel liegt vor dem Kölner Dom.

Der Köln-Marathon ist eine Sportveranstaltung für jung und alt. Jeder kann mitmachen. Für den großen Marathon muss man 18 Jahre alt sein. Aber Jugendliche können beim Schul-Marathon in Gruppen mitlaufen. Und für die ganz kleinen Kinder gibt es den Mini-Marathon.

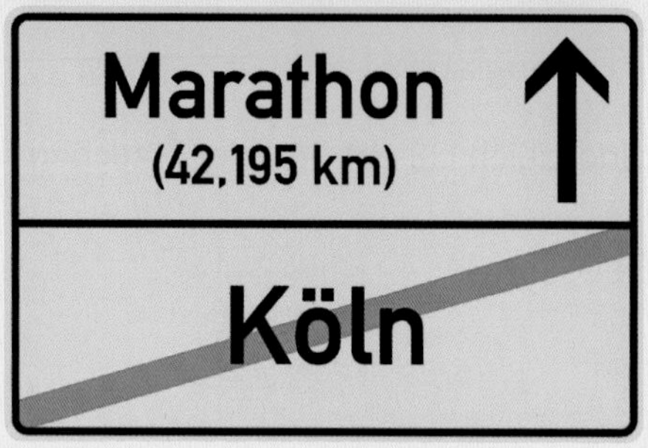

Der erste Marathonlauf fängt am Samstagmorgen um 11 Uhr an. Alle Sportler und Sportlerinnen haben eine Startnummer auf dem T-Shirt und einen Chip zum Zeitmessen am Schuh. Im letzten Jahr waren der schnellste Läufer und die schnellste Läuferin beide aus Kenia. Sie waren in nur 2,5 und 2 Stunden 7 Minuten im Ziel.

Der Köln-Marathon ist sehr beliebt bei den Sportlern und Zuschauern. 10.000 Läufer und Läuferinnen dürfen beim Marathon mitmachen. Auch in anderen Städten Deutschlands gibt es Fans des Marathons: Fast jede Stadt hat ihren eigenen Lauf – egal ob Großstadt wie Frankfurt, Berlin und München oder Kleinstadt. Und der Kalender zeigt für jedes Wochenende im Jahr bis zu neun verschiedene Marathon-Läufe. Der letzte Marathon im Jahr ist der Silvesterlauf, am 31.12.

Lesen

19 Der Köln-Marathon. Was ist richtig? Lies den Text und kreuze an.

1. Beim Köln-Marathon laufen
   ☐ nur Erwachsene ☐ nur Schüler ☐ Kinder, Jugendliche und Erwachsene

2. Was hat jeder Sportler?
   ☐ Inlineskates ☐ eine Uhr ☐ eine Startnummer und einen Chip für die Zeit

Grammatik auf einen Blick

Modalverben: *können, wollen, müssen*

ch **kann** sehr gut schwimmen.
teffi **kann** gut Ski fahren.
ch **will** Ski fahren lernen.
ch **muss** noch lernen.

	können	wollen	müssen
ich	**kann**	**will**	muss
du	**kannst**	**willst**	**musst**
er, es, sie	**kann**	**will**	**muss**
wir	können	wollen	müssen
ihr	könnt	wollt	müsst
sie, Sie	können	wollen	müssen

Welche Formen sind gleich? Welche Formen sind ganz anders als im Infinitiv?

Bei den Modalverben sind die Formen bei ______ und ______ gleich.
Die Formen bei ______, ______ und ______ haben einen anderen Vokal als im Infinitiv.

Modalverben und ihre Bedeutung

Ich kann sehr gut schwimmen. Kannst du Ski fahren?	können: Fähigkeit
Im Fitnessstudio kann man Gymnastik machen. Ich kann heute nicht joggen. Ich habe keine Zeit.	können: Möglichkeit
Ich will joggen. Ich will Ski fahren lernen.	wollen: Wunsch
Ich muss noch Hausaufgaben machen. Musst du jeden Tag trainieren?	müssen: Pflicht

Wie heißen die Sätze in deiner Sprache?

Modalverben im Satz

	Modalverb		Infinitiv
Ich	**muss**		**lernen.**
Ich	**muss**	für die Schule	**lernen.**
Ich	**muss**	heute Nachmittag für die Schule	**lernen.**

Satzklammer

Modalverben stehen im Satz mit Infinitiv. Der Infinitiv steht am Satzende.

Die Fragewörter *wo* und *wohin* und die Präposition *in* + Dativ / Akkusativ

	in + Dativ: Wo?
maskulin	Wo kann man Tennis spielen? **Im** Tennisclub Matchpoint.
neutral	Wo kann man Gymnastik machen? **Im** Fitnessstudio Topform.
feminin	Wo kann man Volleyball spielen? **In der** Turnhalle Oase.

Jemand / etwas befindet sich an einem Ort ●:
Frage: ________?

	in + Akkusativ: Wohin?
maskulin	Du willst Tennis spielen. Wohin gehst du? **In den** Tennisclub Matchpoint.
neutral	Du willst Gymnastik machen. Wohin gehst du? **Ins** Fitnessstudio Topform.
feminin	Du willst Volleyball spielen. Wohin gehst du? **In die** Turnhalle Oase.

Jemand / etwas bewegt sich in eine Richtung →:
Frage: ________?

im = in dem, ins = in das

Wortschatz: Das ist neu!

der Sport (Singular)
Treibst du Sport?

die Sportart, -en

die Mannschaftssportart, -en

der Sportler, -

die Sportlerin, -nen

der Tennislehrer, -

der Typ, -en
Bist du ein sportlicher Typ?

der Ball, ¨-e

der Volleyball (Singular)

die Badehose, -n

der Schwimmkurs, -e

das Fahrrad, ¨-er

der Jogginganzug, ¨-e

joggen

laufen

reiten

der Ski, -er
Zum Skifahren brauchst du ein Paar Skier.

Ski fahren (er fährt Ski)
Ich kann nicht Ski fahren.

das Surfbrett, -er

surfen

tanzen

der Tennisschläger, -

das Tischtennis (Singular)

das Yoga (Singular)

das Sportzentrum, Sportzentren
Was kann man im Sportzentrum machen?

die Reitschule, -n

das Hallenbad, ¨-er

der Tennisplatz, ¨-e

die Klinik, -en

die Gymnastik (Singular)
Gymnastik machen

die Krankengymnastik (Singular)

das Krafttraining, -s

die Sauna, -s

das Solarium, Solarien

das Gebirge, -

relaxen
Dort kann man relaxen.

entspannen

trainieren

können (er kann)
Kannst du schwimmen?

müssen (er muss)
Ich muss noch Hausaufgaben machen.

wollen (er will)
Ich will Tennisspieler werden.

helfen (er hilft)

liegen
Ich liege gern in der Sonne.

die Sonne (Singular)

braun werden (er wird braun)

das Wetter (Singular)

bei schönem / schlechtem Wetter

die Erwachsenen (Plural)

die Jugendlichen (Plural)

beliebt

wie oft?

einmal

fit

jetzt

man

schlecht

Tut mir leid!

Lektion 10

Meine Klamotten

A Steffis Kleidung

Hören ▶ 84

1 Hör zu und sprich nach.

Wortschatz

2 Schaue dir das Bild eine Minute lang an und merke dir die Gegenstände. Mach dann das Buch zu. Nenne so viele Dinge wie möglich.

Sprechen

3 Wie heißt das auf Deutsch?

Sweatshirt, das Sweatshirt!
Wie heißt ________ auf Deutsch?

Grammatik

4 Was trägst du heute? Ergänze.

Ich habe ...

einen	ein	eine	–

... an.

Sprechen

5 Fragt und antwortet.

Was hast du heute an? → Ich habe eine Jeans, ein T-Shirt und Stiefel an. → Was hast du heute an? → Ich habe … an. Was hast du heute an? →

Hören 85

6 Wie lautet der Plural? Hör zu und ergänze.

ein Minirock, zwei Miniröcke
eine Hose, zwei Hose_______
ein Polohemd, zwei Polohemd_______
ein Pullover, zwei Pullover_______
ein T-Shirt, zwei T-Shirt_______

eine Jacke, zwei Jacke_______
ein Kleid, zwei Kleid_______
ein Mantel, zwei Mantel_______
ein Schuh, zwei Schuh_______
ein Top, zwei Top_______

B Gefällt dir das T-Shirt?

Lesen

7 Lies und unterstreiche die Adjektive. Was ist positiv, was negativ? Ergänze die Tabelle.

Tanja, wie findest du meinen Rock?

Ich finde ihn elegant.

Und mein Sweatshirt?

Ich finde es sehr sportlich.

Und meine Hose? Gefällt sie dir?

Ja, ich finde sie sehr modern!

Und gefallen dir meine Schuhe?

Tut mir leid, Steffi, aber sie gefallen mir nicht. Ich finde sie hässlich!

+	–
schön	
	altmodisch
praktisch	unpraktisch
	nicht sehr elegant
bequem	unbequem

Grammatik

8 Ergänze.

Der Rock gefällt mir.

Ich finde _ihn_ elegant.

Das Sweatshirt gefällt mir sehr.

Ich finde ________ sehr sportlich.

Die Hose gefällt mir sehr.

Ich finde ________ sehr modisch.

Die Schuhe gefallen mir nicht.

Ich finde ________ hässlich.

Sprechen

9 Bildet Dialoge wie im Beispiel.

Gefällt dir das T-Shirt von Steffi?
Ja, es gefällt mir sehr. Es ist sehr schön.
Und die Bluse? Gefällt sie dir?
Nein, die Bluse gefällt mir nicht. Sie ist zu altmodisch.

Sprechen

10 Steffi und Tanja vor einem Schaufenster. Was sagen sie? Fragt und antwortet wie im Beispiel.

Wie findest du das Kleid?
Ich finde es sehr elegant!

der Mantel → altmodisch
die Stiefel → bequem
das Polohemd → sportlich
das T-Shirt → nicht schlecht
der Anorak → praktisch
die Hose → schön

finden **+ Akkusativ**
Ich finde **den** Rock schön.
Ich finde **ihn** schön.

Hören ▶ 86

11 Hör zu und notiere die Preise der Kleidungsstücke.

Sprechen

12 Fragt und antwortet wie im Beispiel.

- Kaufst du den Minirock?

○ Ja, ich kaufe ihn. Er ist nicht teuer. Er kostet nur …
○ Nein, ich kaufe ihn nicht. Er ist zu teuer. Er kostet …

Lesen

Fit **13** **Steffi berichtet Fatma. Lies den Chat. Richtig (R) oder falsch (F)? Kreuze an.**

CHAT	
Steffi	Hallo, Fatma! Ich bin echt sooo glücklich …
Fatma	Hi Steffi! Aha?! Hast du gestern eine Einkaufstour gemacht? ;-)
Steffi	Oh, ja – ich war mit Tanja im Einkaufszentrum: shoppen! ☺
Fatma	Was hast du denn gekauft?
Steffi	Jeans, ein T-Shirt und Stiefel. Ich habe auch eine Bluse gesehen, echt schön!!!!!
Fatma	Und? Hast du sie nicht genommen?
Steffi	Nein, noch nicht. Vielleicht kauf ich sie am Wochenende. ;-)
Fatma	Super! Vielleicht geh ich am Samstag auch ins Einkaufszentrum. Seid ihr mit dem Shoppingbus gefahren? Wann fährt der denn?
Steffi	Nein, wir sind zu Fuß gegangen. Ist ja nicht weit. Ich sag dir, am Abend war ich total müde. Zu Hause hab ich nur noch zu Abend gegessen, eine Tasse Tee getrunken und dann hab ich sofort geschlafen.
Fatma	Sorry, mein Handy klingelt … Bis später oder bis Samstag?
Steffi	Okay. Bis später!

	R	F
1. Steffi war allein im Einkaufszentrum.	☐	☐
2. Steffi hat eine Hose, ein T-Shirt und Stiefel gekauft.	☐	☐
3. Steffi hat keine Bluse gekauft.	☐	☐
4. Steffi hat den Bus genommen.	☐	☐
5. Steffi hat im Einkaufszentrum Tee getrunken.	☐	☐

Grammatik

14 **Tanja erzählt: Das haben wir gestern gemacht. Ordne zu.**

1. Gestern haben wir eine Einkaufstour … — c
2. Wir sind zu Fuß ins Einkaufszentrum …
3. Steffi hat Jeans und Stiefel …
4. Wir haben auch eine Bluse …
5. Ich bin mit dem Bus nach Hause …
6. Am Abend war ich total müde und habe sofort …

a gesehen
b geschlafen
c gemacht
d gekauft
e gegangen
f gefahren

Perfekt mit ● *haben* und *sein* →
kaufen: Ich **habe** … gekauft.
gehen: Ich **bin** … gegangen.

Sprechen

15 **Fragt und antwortet.**

● Was hast du gestern gemacht? ○ Ich habe ein T-Shirt gekauft.

C Mode ist mein Hobby!

Lesen

16 Wer sagt was? Ordne zu.

1. Ich mag Markenklamotten sehr.

2. Klamotten sind für mich nicht so wichtig. Aber meine Mütze trage ich immer.

3. Mir gefällt es, moderne Kleidung zu tragen.

Eva

„Mode ist mein großes Hobby! Im Moment finde ich meine schwarze Brille einfach super! Es gefällt mir auch, moderne, angesagte Klamotten zu tragen. Ich kaufe gern Markenklamotten. Aber leider sind sie sehr teuer!“

Patrick

„Ich finde Mode nicht so wichtig. Meine Freunde kaufen teure Klamotten. Das finde ich doof. Ich kaufe lieber CDs oder DVDs. Aber ich liebe meine Mütze! Ich habe sie immer auf, auch in der Schule.“

Sina

„Natürlich ziehe ich mich modern an! Ich finde die neue Sommermode einfach super! Ich mag den neuen Stil! Auch die Farben gefallen mir sehr. Ich mag helle Farben.“

Marcel

„Ist mein Kleidungsstil modern? Ich weiß nicht. Ich trage, was mir gefällt, was mir gut steht. Hauptsache, es ist nicht zu teuer. Manchmal will ich mit meinem Stil meine Eltern provozieren …“

4. Ich will nicht so viel Geld für meine Klamotten ausgeben.

5. Mir gefällt der neue Stil.

6. Die Klamotten sollen mir gut stehen.

***mir / dir gefällt* + Nominativ**
Mir gefällt **der** neue Stil.

Lesen

17 Bilde Sätze wie im Beispiel.

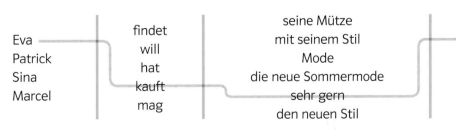

		seine Mütze	nicht so wichtig.
Eva	findet	mit seinem Stil	Markenklamotten.
Patrick	will	Mode	immer auf.
Sina	hat	die neue Sommermode	und helle Farben.
Marcel	kauft	sehr gern	super.
	mag	den neuen Stil	provozieren.

Eva kauft sehr gern Markenklamotten.

Sprechen

18 Markenklamotten – dafür oder dagegen? Diskutiert in der Klasse.

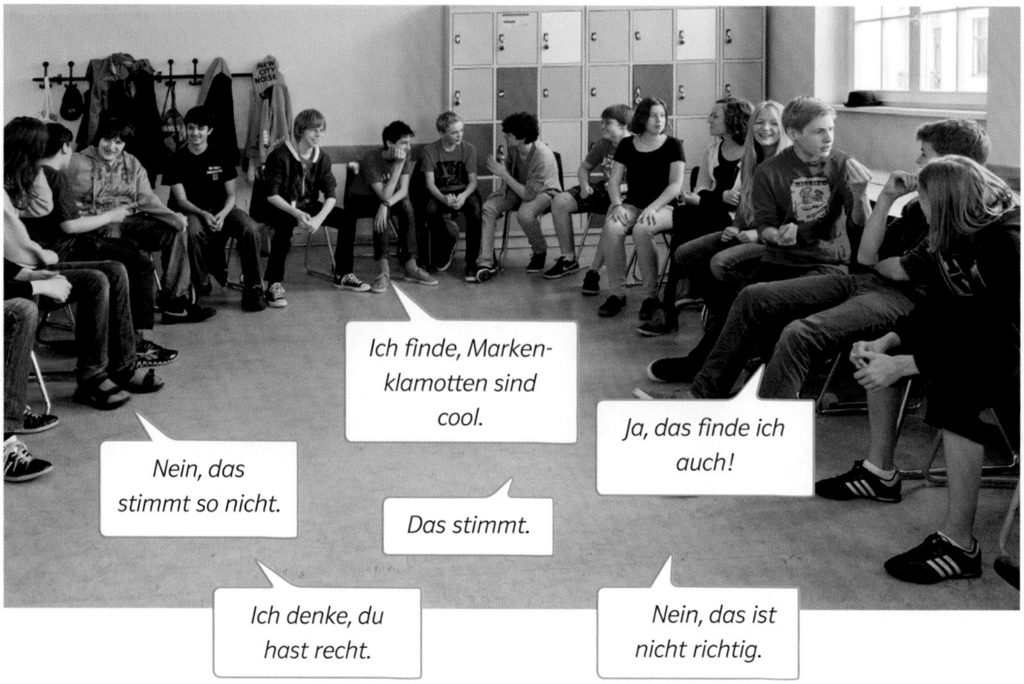
Ich finde, Markenklamotten sind cool.
Ja, das finde ich auch!
Nein, das stimmt so nicht.
Das stimmt.
Ich denke, du hast recht.
Nein, das ist nicht richtig.

(+) dafür		(–) dagegen
Markenklamotten sind cool.	Ich denke, …	Markenklamotten sind zu teuer.
Markenklamotten haben gute Qualität.	Ich finde, …	Markenklamotten sind wie eine Uniform.
Markenklamotten sehen gut aus.	Ich bin der Meinung, …	Markenklamotten sind wie ganz normale moderne Klamotten, nur teurer.
Markenklamotten sind beliebt.		Markenklamotten sind langweilig.

[Phonetik]

a Welchen Buchstaben hörst du <u>nicht</u>? Hör zu und achte auf diese Wörter. ▶ 87
Klamotten – Hemden – Hosen – Mäntel – Stiefel – Mützen – Jacken – Blusen – Farben

b Hör zu und sprich nach. ▶ 88

c Ergänzt den Satz wie im Beispiel um ein Wort im Plural. Wiederholt dabei immer den Anfang.
- ● Ich bin im Klamottenladen und kaufe Mäntel.
- ○ Ich bin im Klamottenladen und kaufe Mäntel und Jacken.
- ● Ich bin im Klamottenladen und kaufe Mäntel, Jacken und …

Grammatik auf einen Blick

Das Verb *gefallen*

Gefällt dir das T-Shirt von Steffi?
Ja, es **gefällt** mir sehr.

Gefallen dir meine Schuhe?
Nein, sie **gefallen** mir nicht.

der Rock, die Hose, das T-Shirt, …	… gefällt mir / dir.
die Jeans, die Schuhe, …	… gefallen mir / dir.

Mit dem Verb *gefallen* kannst du sagen, was du magst oder nicht magst.

Was heißt mir gefällt / mir gefallen *in deiner Sprache?*

Personalpronomen (4)

Wie findest du den Rock? Ich finde **ihn** elegant.
Wie findest du das Sweatshirt? Ich finde **es** sehr sportlich.
Wie findest du die Hose? Ich finde **sie** sehr modisch.
Wie findest du die Stiefel? Ich finde **sie** hässlich.

	maskulin	neutral	feminin	Plural
Nominativ	er	es	sie	sie
Akkusativ	**ihn**	es	sie	sie

Die Personalpronomen sind im Nominativ und im Akkusativ gleich.
Nur ____________ ist die Form besonders.
er → ________

Plural

	-er
das Kleid	die Klei**der**
	-e
der Schuh	die Schuh**e**
	¨-e
der Rock	die R**ö**ck**e**
	-n
die Jacke die Hose	die Jacke**n** die Hose**n**

	-en
das Hemd	die Hemden
	-
der Pullover der Stiefel	die Pullover die Stiefel
	¨
der Mantel	die M**ä**ntel
	-s
der Anorak das T-Shirt	die Anorak**s** die T-Shirt**s**

Erinnerst du dich an die Pluralendungen?

Verben im Perfekt (1)

Hast du eine Einkaufstour gemacht?
Was hast du denn gekauft?

Seid ihr mit dem Shoppingbus gefahren?
Nein, wir sind zu Fuß gegangen.

Wie viele Teile haben die Verben im Perfekt?

Perfekt mit *haben* ●	
ich habe	gekauft
du hast	gemacht
er, es, sie hat	gesehen
wir haben	gegessen
ihr habt	…
sie haben	

Perfekt mit *sein* →	
ich bin	gejoggt
du bist	gefahren
er, es, sie ist	gegangen
wir sind	geschwommen
ihr seid	…
sie sind	

Die Verben haben im Perfekt ________ Teile: eine Form von *haben* oder *sein* im Präsens und das Partizip Perfekt.

Partizip Perfekt (1)

Regelmäßige Verben: ge- … t	
joggen	ist gejoggt
kaufen	hat gekauft
machen	hat gemacht
brauchen	hat gebraucht
zeigen	hat gezeigt
holen	hat geholt
spielen	hat gespielt
lernen	hat gelernt

Welche Merkmale hat das Partizip Perfekt?

Unregelmäßige Verben: ge- … en	
gehen	ist gegangen
fahren	ist gefahren
kommen	ist gekommen
schwimmen	ist geschwommen
nehmen	hat genommen
essen	hat gegessen
trinken	hat getrunken
schlafen	hat geschlafen

Das Partizip Perfekt hat bei den regelmäßigen Verben:
vorne *ge-* und hinten ______.
Bei den unregelmäßigen Verben:
vorne ______ und hinten ______

Wortschatz: Das ist neu!

die Kleidung (Singular)

die Klamotten (Plural)
Ich kaufe nur Markenklamotten.

der Anorak, -s

die Bluse, -n

die Brille, -n

die Hose, -n

die Jacke, -n

die Jeans (Plural)

das Kleid, -er

der Mantel, ¨

der Minirock, ¨e

die Mütze, -n

das Polohemd, -en

der Pullover, -

der Schuh, -e

der Stiefel, -

das Sweatshirt, -s

das T-Shirt, -s

das Top, -s

die Mode, -n
Ich finde Mode toll.

anhaben (er hat an)
Was hast du heute an?

sich kleiden (er kleidet sich)
Ich kleide mich modern.

tragen (er trägt)
Ich trage Markenklamotten.

aussehen (er sieht aus)

stehen
Das steht dir gut.

gefallen (er gefällt)
Gefällt dir mein T-Shirt?

altmodisch

modern

bequem

unbequem

elegant

schön

hässlich

neu

praktisch

unpraktisch

teuer

denken

Das stimmt (nicht).

recht haben (er hat recht)
Du hast recht.

richtig
Das ist nicht richtig.

die Farbe, -n

glücklich

müde

kaufen

das Wochenende, -n

Zwischenstation 5

Kleider machen Leute

Lesen

1 Martha mag ihre Klamotten nicht mehr. Warum? Lies die Anzeige und kreuze an.

Klamotten zu verkaufen!!

Suchst du eine moderne, schwarze Jeanshose, Größe 38, zum Superpreis von 10 Euro?
Ich habe sie vor einem Monat gekauft, aber jetzt gefällt sie mir nicht mehr!
Die Hose, Marke Joop, ist wie neu (nur zweimal getragen). Ein echtes Schnäppchen!
Oder vielleicht brauchst du einen tollen, roten Anorak, Marke Pila, Größe 42. Na ja, wirklich modern ist er nicht, aber er ist sehr billig, nur 15 Euro. Ideal zum Skifahren und für kalte Wintertage!
Und dann noch ein ganz tolles Sweatshirt, Marke Lesis, Größe L, ganz neu!
Ein Geschenk von meiner Tante, aber gelb ist einfach nicht meine Farbe ... Nur 12 Euro!

Bist du interessiert? Dann ruf mich an: **Martha 0171/ 2974551**
Oder schick eine E-Mail: **mar.tha@frei.de**

1. Warum verkauft Martha ihre Jeanshose?
   a ☐ Martha mag die Hose nicht mehr.
   b ☐ Martha findet die Hose altmodisch.
   c ☐ Die Hose ist Martha zu groß.
2. Warum verkauft Martha ihren Anorak?
   a ☐ Der Anorak passt Martha nicht mehr.
   b ☐ Der Anorak ist ein bisschen altmodisch.
   c ☐ Der Anorak ist nur zum Skifahren geeignet.
3. Warum verkauft Martha ihr Sweatshirt?
   a ☐ Das Sweatshirt ist zu groß.
   b ☐ Martha gefällt die Farbe nicht.
   c ☐ Martha möchte für ihre Tante ein Geschenk kaufen.

Schreiben

2 **Schreib eine E-Mail an Martha. Die Stichworte helfen dir.**

Anzeige: gelesen
Jeanshose: interessant
Preis: okay
Treffpunkt: wann? wo?
Grüße

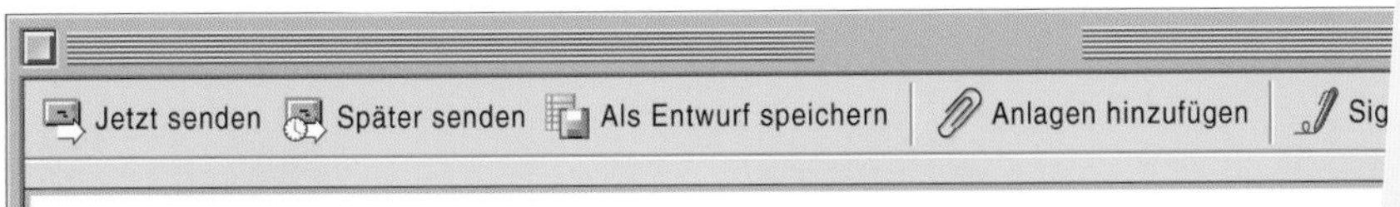

Hallo Martha,

____

____

Meine Handynummer + E-Mail-Adresse: ______________________

Hören ▶ 89

Fit

3 **Nachrichten am Telefon. Hör zu und kreuze an.**

Nachricht 1:

1. Wohin möchte Maria gehen?

a ☐ ins Einkaufszentrum

b ☐ ins Jugendzentrum

c ☐ in den Park

2. Wann möchte Maria Susanne treffen?

a ☐ um 15 Uhr

b ☐ um 14 Uhr

c ☐ um 16 Uhr

Nachricht 2:

1. Was hat Robert gekauft?

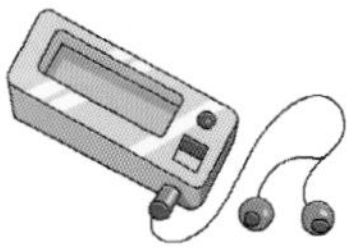

a ☐ einen MP3-Player

b ☐ eine CD

c ☐ einen Taschenrechner

2. Wo muss Roberts Vater seinen Sohn abholen?

a ☐ im Einkaufszentrum

b ☐ vor dem Kino

c ☐ im Jugendzentrum

Sprechen

4 **Schaut euch den Jugendlichen an. Ergänzt den Dialog und sprecht über seine Kleidung.**

- ● Ich finde, der Junge sieht cool aus! Das Hemd ist super. Was denkst du?
- ○ Ja, das ist nicht schlecht. Aber mir gefällt auch die grüne Jacke sehr gut.
- ● Ach nee, die finde ich … (Jeans ?)
- ○ (Jeans: ++ / Sweatshirt ?)
- ● (Sweatshirt: - / Mütze ?)
- ○ (Mütze: +++ / Schuhe ?)
- ● (Schuhe: … / …)

Schreiben

5 **Der magische Mantel. Schreib die Geschichte weiter.**

Moritz trifft sich mit seiner Schwester Annalena im Einkaufszentrum. Sie wollen neue Klamotten einkaufen. Annalena sucht Jeans und Moritz braucht einen Mantel. Annalena zeigt auf einen Mantel. Er ist grau. „Wie findest du den, Moritz?", fragt Annalena – „Nein, der ist altmodisch", antwortet Moritz. „Aber der Mantel hier, der ist schwarz und elegant." Er zieht den Mantel an und plötzlich kann man Moritz nicht mehr sehen.

Landeskunde

Kleider-Kreisel und Mode-Blogs

Ausgaben für Kleidung im Durchschnitt ø:

13 – 14 Jahre: 13 € pro Monat

16 – 17 Jahre: 36 € pro Monat

Quelle: Bink-Erhebung 2011

13 € geben Jugendliche im Alter von 13 bis 14 Jahren in Deutschland im Durchschnitt für Kleidung aus. Mit 16 bis 17 Jahren ist es schon fast dreimal so viel Geld. Vielleicht bezahlen bei den 13 bis 14-Jährigen noch die Eltern die Kleidung der Jugendlichen. Später möchten die Jugendlichen ihren ___________ selbst bestimmen und kaufen mehr ein.

Tolle Mode kann man nicht nur im Einkaufszentrum kaufen. Im Internet ist ein Online-Marktplatz für Second-Hand-Kleidung entstanden: Der „Kleider-Kreisel". Das besondere ist: Die Jugendlichen kaufen hier nicht nur neue Kleidung, sie tauschen auch Kleidung untereinander. Eine Hose gegen eine Jacke oder ein T-Shirt gegen ein Top. Manchmal verschenken sie auch Kleidung. Oft ist die ______________________ sehr günstig: Ein Paar Schuhe gibt es schon für 8 €.

Manche Jugendliche haben auch einen eigenen Mode-Blog im Internet. Da schreiben sie über ihre Einkäufe, geben Tipps zum Kleidungsstil und zeigen Fotos von besonders tollen Outfits. Ab und zu schreiben die Blogger auch über internationale Mode-Veranstaltungen wie die Berlin Fashion Week. Sehr beliebt ist der Blog „Les Mads". Mehr als 7000 ______________ lesen ihn regelmäßig.

Lesen

6 Lies den Text und ergänze die Wörter.

[Second-Hand-Mode • Mode-Fans • Modestil]

Sprechen

7 Mach ein Interview mit deinem Partner / deiner Partnerin.

Welche Klamotten? Lieblingsklamotten?
Wie teuer?
Wer kauft?
In der Freizeit? Auf Partys?
Kleidung
Wo? Wie oft?
In der Schule?
Markenkleidung?

Bildquellen

U1 Klett-Archiv (Stephan Klonk), Stuttgart; **U2** Klett-Archiv, Stuttgart; **8.1** Klett-Archiv (Stephan Klonk), Stuttgart; **8.2** Thinkstock (Creatas), München; **8.3** Klett-Archiv (Stephan Klonk), Stuttgart; **8.4** © Kzenon-Fotolia.com; **8.5** Klett-Archiv (Stephan Klonk), Stuttgart; **9.1** Shutterstock (Tracy Whiteside), New York NY; **9.2** Shutterstock (jstudio), New York NY; **9.3** Thinkstock (Jupiterimages Getty Images), München; **9.4** Thinkstock (Darrin Klimek), München; **9.5** Shutterstock (AlenD), New York NY; **9.6** Shutterstock (Monkey Business Images), New York NY; **10, 11, 13** Klett-Archiv (Stephan Klonk), Stuttgart; **15** Thinkstock, München; **16.1** Shutterstock (Ekaterina Garyuk), New York NY; **16.2** iStock (herpens), Calgary, Alberta; **16.3** Shutterstock (safacakir), New York NY; **16.4** Shutterstock (EDHAR), New York NY; **16.5** Shutterstock (Biehler Michael), New York NY; **16.6** Thinkstock, München; **16.7** Thinkstock, München; **16.8** iStock (Photographer Olympus), Calgary, Alberta; **21.1** © Max Diesel - Fotolia.com; **21.2** iStock (alkir), Calgary, Alberta; **21.3** © kameraauge - Fotolia.com; **21.4** Shutterstock (Mihai-Bogdan Lazar), New York NY; **21.5** Shutterstock (ICH-Images), New York NY; **21.6** © SergiyN - Fotolia.com; **21.7** iStock (Hector Junquera), Calgary, Alberta; **21.8** © Arnd Drifte - Fotolia.com; **21.9** © Dreadlock - Fotolia.com; **21.10** Shutterstock (Evgeniy Ayupov), New York NY; **21.11** Shutterstock (Maria Veras), New York NY; **21.12** Shutterstock (Fedor Selivanov), New York NY; **21.13** © Fraxx - Fotolia.com; **22** Klett-Archiv (Stephan Klonk), Stuttgart; **23.1** Shutterstock (Xufang), New York NY; **23.2** Shutterstock (Massimiliano Pieraccini), New York NY; **23.3** Shutterstock (PhotoBarmalay), New York NY; **23.4** Shutterstock (Zsolt Biczo), New York NY; **23.5** © thomas.andri - Fotolia.com; **23.6** © Nicolas Kopp - Fotolia.com; **23.7, 25.1** Klett-Archiv (Stephan Klonk), Stuttgart; **25.2** iStockphoto (alynst), Calgary, Alberta; **25.3** iStockphoto (cristiani), Calgary, Alberta; **25.4** Thinkstock (Stockbyte), München; **25.5** iStockphoto (Vetta Collection), Calgary, Alberta; **25.6** Thinkstock (Medioimages/Photodisc), München; **26, 27, 28** Klett-Archiv (Stephan Klonk), Stuttgart; **32.1** Thinkstock, München; **32.2** © Klaus Eppele - Fotolia.com; **32.3** Thinkstock (Bananastock), München; **32.4** © Eleonore H - Fotolia.com; **32.5** Thinkstock (istock), München; **32.6** Klett-Archiv, Stuttgart; **32.7** Thinkstock (© Getty Images), München; **32.8** Thinkstock (Hemera), München; **32.9** Thinkstock (istock), München; **32.10** Thinkstock (istock), München; **32.11** © shocky - Fotolia.com; **32.12** Thinkstock (istock), München; **34, 36** Klett-Archiv (Stephan Klonk), Stuttgart; **43** Shutterstock (Andreas G. karelias), New York NY; **44** Ullsteinbild - Jazz Archiv, Hamburg; **46.1, 46.2, 47.1, 47.2, 47.3, 47.4, 47.5, 47.6, 47.7, 47.8, 47.9, 48, 49.1, 49.2, 49.3, 49.4, 49.5** Klett-Archiv (Stephan Klonk), Stuttgart; **50.1** © Sheila Atter - Fotolia.com; **50.2** iStockphoto (Christian Lohman), Calgary, Alberta; **50.3** Thinkstock, München; **50.4** iStockphoto (ccahill), Calgary, Alberta; **50.5** dreamstim.com (Ecophoto), Brentwood, TN; **50.6** Thinkstock, München; **50.7** dreamstim.com (Fragles), Brentwood, TN; **50.8** Thinkstock, München; **51.1** Shutterstock (Tracy Whiteside), New York NY; **51.2** Thinkstock (Darrin Klimek), München; **51.3** Thinkstock (Jupiterimages Getty Images), München; **51.4** Shutterstock (jstudio), New York NY; **56.1, 56.2, 57, 58.1, 58.2, 59** Klett-Archiv (Stephan Klonk), Stuttgart; **66.1** Shutterstock (Jorg Hackemann), New York NY; **66.2** Thinkstock (Wavebreak Media), München; **67, 68.1, 68.2, 70.1, 70.2, 70.3, 70.5, 70.4, 71, 72** Klett-Archiv (Stephan Klonk), Stuttgart; **73.1** Thinkstock, München; **73.2** Shutterstock (Tyler Olsen), New York, NY; **73.3** © Daniel Fuhr - Fotolia.com; **73.4** Thinkstock (Stockbyte), München; **73.5** © Mumpitz - Fotolia.com; **73.6** © Barbara Meyer - Fotolia.com; **81.1** Shutterstock (Ekaterina Garyuk), New York NY; **81.2** iStock (herpens), Calgary, Alberta; **81.3** Thinkstock, München; **81.4** iStockphoto (lukajani), Calgary, Alberta; **82.1** Shutterstock (Roman Samokhin), New York NY; **82.2** Shutterstock (You Touch Pix of EuTochs), New York NY; **82.3** © Tsiumpa - Fotolia.com; **82.4** Shutterstock (Micha Klootwijk), New York NY; **82.5** © endrille - Fotolia.com; **82.6** Thinkstock (iStock), München; **82.7** © artburger - Fotolia.com; **82.8** © leisuretime70 - Fotolia.com; **82.9** iStockphoto (lukajani), Calgary, Alberta; **82.10** Thinkstock (iStock), München; **82.11** © M.Rosenwirth - Fotolia.com; **82.12** Thinkstock (iStock), München; **83** Klett-Archiv (Stephan Klonk), Stuttgart; **84** iStockphoto (Kemter), Calgary, Alberta; **85** Klett-Archiv (Stephan Klonk), Stuttgart; **89.1** Thinkstock (iStock), München; **89.2** © Jasmin Merdan - Fotolia.com; **89.3** Thinkstock (iStock), München; **89.4** iStockphoto (kkay), Calgary, Alberta; **89.5** © AndiPu - Fotolia.com; **90** Klett-Archiv (Stephan Klonk), Stuttgart; **93** Thinkstock (iStock), München; **94.1** Klett-Archiv (Victoria Voll), Stuttgart; **94.2** Shutterstock (Andrey Shadrin), New York NY; **94.3** © Tyler Olson - Fotolia.com; **94.4** Thinkstock (Creatas), München; **94.5** Thinkstock (Hemera), München; **94.6** Thinkstock (Siri Stafford/Digital Vision), München; **94.7** Thinkstock (Jupiter Images/Photos.com), München; **95** iStockphoto (AndreasReh), Calgary, Alberta; **96.1** Shutterstock (Ttatty), New York NY; **96.2** Shutterstock (Jacek Chabraszewski), New York NY; **96.3** Shutterstock (J. Schelkle), New York NY; **96.4** iStockphoto (surfr10132), Calgary, Alberta; **96.5** iStockphoto (rauplett), Calgary, Alberta; **96.6** Shutterstock (Sergii Figurnyi), New York NY; **96.7** iStockphoto (kcline), Calgary, Alberta; **96.8** Shutterstock (Sea Wave), New York NY; **96.9** Thinkstock (Image Source), München; **96.10** Thinkstock (iStock), München; **96.11** Shutterstock (Hannamariah), New York NY; **96.12** Shutterstock (Tobik), New York NY; **96.13** Shutterstock (Yellowj) New York NY; **96.14** Klett-Archiv, Stuttgart; **96.15** Thinkstock (Wavebreak Media), München; **96.16** Klett-Archiv (Stephan Klonk), Stuttgart; **97.1** © Patrizia Tilly - Fotolia.com; **97.2** iStockphoto (kevinruss), Calgary, Alberta; **97.3** Shutterstock (leungchopan), New York NY; **98** Klett-Archiv (Stephan Klonk), Stuttgart; **100.1** © Robert Neumann - Fotolia.com; **100.2** © victoria p. - Fotolia.com; **100.3** © Quade - Fotolia.com; **100.4** © Stefan Gräf - Fotolia.com; **106.1, 106.2, 106.3,** Klett-Archiv (Stephan Klonk), Stuttgart; **113.1** Shutterstock (oliveromg) New York NY; **113.2** Thinkstock (Stockbyte), München; **113.3** Klett-Archiv, Stuttgart; **113.4** Shutterstock (Goodluz) New York NY; **113.5** © Nicky Jacobs - Fotolia.com; **115** Slow Food Deutschland e. V., Berlin; **116, 117** Klett-Archiv (Stephan Klonk), Stuttgart; **119.1** Thinkstock (iStock), München; **119.2** Shutterstock (Alinute Silzeviciute), New York NY; **119.3** Thinkstock (iStock), München; **119.4** Shutterstock (Hurst Photo) New York NY; **120** Shutterstock (Ivan Cholakov) New York NY; **121.1, 121.2** Klett-Archiv (Stephan Klonk), Stuttgart; **122** Thinkstock (Hemera), München; **124.1** Köln Marathon 2013, Copyright RheinEnergie; **124.2** © Tom-Hanisch.de - Fotolia.com; **128.8** Klett-Archiv (Stephan Klonk), Stuttgart; **128.5** Shutterstock (Roman Sigaer), New York NY; **128.6** Shutterstock (Venus Angel), New York NY; **128.14** © Alexandra Karamyshev - Fotolia.com; **128.13** iStockphoto (D4fish), Calgary, Alberta; **128.3** © Alexandra Karamyshev - Fotolia.com; **128.9** Shutterstock (Alexander Kalina), New York NY; **128.15** © kiri - Fotolia.com; **128.4** Shutterstock (matka_Wariatka), New York NY; **128.16** © Ruslan Kudrin - Fotolia.com; **128.12** © Monika 3 Steps Ahead - Fotolia.com; **128.1** © Ruslan Kudrin - Fotolia.com; **128.2** © elenarostunova - Fotolia.com; **128.11** © Ruslan Kudrin - Fotolia.com; **128.10** © BEAUTYofLIFE - Fotolia.com; **128.7** © Africa Studio - Fotolia.com; **130** Klett-Archiv (Stephan Klonk), Stuttgart; **133.1** © oldline2 - Fotolia.com; **133.2** © jogyx - Fotolia.com; **133.3** © ryflip - Fotolia.com; **133.4** Shutterstock (Julia Zakharova), New York NY; **134** Klett-Archiv (Stephan Klonk), Stuttgart; **140.1, 140.2, 140.3** © rimmdream - Fotolia.com

Magnet neu A1, Kursbuch, Audio-CD

Titel	Lektion, Übung	Länge
1	Lektion 0.1, Übung 1	00:45
2	Lektion 0.1, Übung 3	00:40
3	Lektion 0.1, Übung 6	00:19
4	Lektion 0.1, Übung 8	00:16
5	Lektion 0.1, Phonetik, a	00:18
6	Lektion 0.1, Phonetik, b	00:35
7	Lektion 0.2, Übung 1	00:37
8	Lektion 0.2, Übung 3	00:31
9	Lektion 0.2, Übung 6	00:29
10	Lektion 0.2, Übung 8	00:46
11	Lektion 0.2, Übung 9	01:20
12	Lektion 0.2, Übung 10	00:18
13	Lektion 0.2, Übung 11	00:35
14	Lektion 0.2, Übung 12	00:30
15	Lektion 0.2, Phonetik, a	00:32
16	Lektion 0.2, Phonetik, b	00:33
17	Lektion 0.3, Übung 1	00:38
18	Lektion 0.3, Übung 3	00:50
19	Lektion 0.3, Übung 5	00:31
20	Lektion 0.3, Übung 6	00:40
21	Lektion 0.3, Übung 8	00:52
22	Lektion 0.3, Übung 9	00:57
23	Lektion 0.3, Übung 11	03:48
24	Lektion 0.3, Phonetik, a	00:33
25	Lektion 0.3, Phonetik, b	00:28
26	Lektion 0.3, Phonetik, c	00:54
27	Lektion 0.4, Übung 1	00:32
28	Lektion 0.4, Übung 2	00:47
29	Lektion 0.4, Übung 5	01:01
30	Lektion 0.4, Übung 7	00:48
31	Lektion 0.4, Übung 12	00:59
32	Lektion 0.4, Übung 13	00:19
33	Lektion 0.4, Phonetik, a	00:32
34	Lektion 0.4, Phonetik, b	00:25
35	Lektion 1, Übung 1	00:27
36	Lektion 1, Übung 5	00:28
37	Lektion 1, Übung 7	00:31
38	Lektion 1, Phonetik, a	00:34
39	Lektion 1, Phonetik, b	00:37
40	Lektion 2, Übung 2	01:34
41	Lektion 2, Übung 3	01:23
42	Lektion 2, Übung 6	00:42
43	Lektion 2, Phonetik, a	00:36
44	Lektion 2, Phonetik, b	00:51
45	Zwischenstation 1, Übung 4	00:48
46	Lektion 3, Übung 3	01:24
47	Lektion 3, Übung 6	00:18
48	Lektion 3, Übung 11	00:41
49	Lektion 3, Phonetik, a	00:33
50	Lektion 3, Phonetik, b	00:39
51	Lektion 3, Phonetik, c	00:40
52	Lektion 4, Übung 7	00:34
53	Lektion 4, Übung 11	01:07
54	Lektion 4, Übung 12	00:35
55	Lektion 4, Phonetik, a	00:35
56	Lektion 4, Phonetik, b	00:47
57	Zwischenstation 2, Übung 3	00:53
58	Lektion 5, Übung 6	01:14
59	Lektion 5, Phonetik, a	01:17
60	Lektion 5, Phonetik, b	00:41
61	Lektion 6, Übung 1	01:06
62	Lektion 6, Übung 5	00:49
63	Lektion 6, Phonetik, a	01:05
64	Lektion 6, Phonetik, b	00:56
65	Zwischenstation 3, Übung 3	00:45
66	Zwischenstation 3, Übung 8	01:46
67	Lektion 7, Übung 1	01:27
68	Lektion 7, Übung 5	00:59
69	Lektion 7, Übung 9	01:15
70	Lektion 7, Phonetik, a	00:47
71	Lektion 7, Phonetik, b	00:47
72	Lektion 8, Übung 1	00:42
73	Lektion 8, Übung 3	01:46
74	Lektion 8, Übung 9	00:25
75	Lektion 8, Phonetik, a	00:51

76	Lektion 8, Phonetik, b	00:36		83	Lektion 9, Phonetik, b	00:43
77	Lektion 8, Phonetik, c	00:31		84	Lektion 10, Übung 1	01:09
78	Zwischenstation 4, Übung 4	01:04		85	Lektion 10, Übung 6	01:13
79	Lektion 9, Übung 4	00:27		86	Lektion 10, Übung 11	01:00
80	Lektion 9, Übung 9	02:16		87	Lektion 10, Phonetik, a	00:31
81	Lektion 9, Übung 12	00:15		88	Lektion 10, Phonetik, b	01:00
82	Lektion 9, Phonetik, a	00:48		89	Zwischenstation 5, Übung 3	01:06
					gesamt:	**73:58**

Audio-CD Impressum

Sprecher: Julia Bär, Jonas Bolle, Natascha Kuch, Barbara Kysela, Henrik van Ypsilon
Tontechnik: Michael Vermathen
Produktion: Studio Networks S.r.l., Mailand (italienische Ausgabe), Bauer Studios GmbH, Ludwigsburg (internationale Ausgabe)
Presswerk: Osswald GmbH & Co., Leinfelden-Echterdingen